La finance :
un prisme fragile

Logiques économiques

Collection dirigée par Gérard Duthil

Dernières parutions

Claire EL MOUDDEN, *Redistribution équitable et régimes de retraite*, 2006.

Gérard DUTHIL, *Economie du travail et des ressources humaines*, 2004.

TRUTOS-PETERSON Claudia, *L'émergence de l'arbitrage commercial interna-tional en Amérique latine : l'éfficacité de son droit*, 2003.

DIEBOLT C., ESCUDIER J-L., *La croissance économique dans le long terme*, 2002.

MAHIEU François-Régis, *Ethique économique. Fondements anthropologiques*, 2001.

SADIGH Elie, *Du libéralisme ou la loi du plus fort à l'économie politique*, 2001.

FIGUERA Stefano, *Théorie monétaire dans l'économie capitaliste*, 2001.

CANALS Valérie, *Formation-insertion et transformation de la relation salariale*, 2001.

CARPENTIER Vincent, *Système éducatif et performances économiques au Royaume-Uni : 19ème et 20ème siècles, 2001.*

LEVASSEUR G., *L'union économique et monétaire européenne,* 2001.

VIDAL Jean-François, *Dépression et retour de la prospérité*, 2000.

LEHMANN Paul-Jacques, *De l'ange gardien du franc au bâtisseur de l'euro. Histoire et évolution des banques centrales*, 2000.

DUTHIL Gérard, PAQUET-VAULTIER Estelle, *Le chômage des jeunes*, 1999.

MICHEL Sandrine, *Education et croissance économique en longue période*, 1999.

AUDIER Florence, GAZIER Bernard, OUTIN Jean-Luc (coord.), *L'économie sociale* t.1 et 2, 1999.

SADIGH Elie, *Principes de l'économie salariale,* 1999.

Christine Galavielle

La finance : un prisme fragile

Des visions changeantes

Préface de Jean-Marie Monnier
Professeur à l'Université de Paris-1 Sorbonne

L'Harmattan

Du même auteur

L'écu, une monnaie en or ?,
Éditions Cujas, série « Connaissances économiques », 1987.

« Le chaos bien tempéré », *Analyse financière*, n°25, 2007.

5-7, rue de l'Ecole-Polytechnique, 75005 Paris

http://www.editions-harmattan.fr

ISBN : 978-2-343-12572-5
EAN : 9782343125725

REMERCIEMENTS

Je tiens à remercier très sincèrement deux collègues et amis dont les conseils précieux ont permis de donner à cet ouvrage le profil qui est le sien :

Monsieur Bernard Girard, maître de conférences honoraire à l'Université de Paris 1 – Sorbonne.

Madame Vasumathi Vijayraghavan, maître de conférences à l'Université de Paris-Dauphine, PhD, Membre du Barreau de Californie.

PRÉFACE

Au lendemain de la crise des *subprimes* et de la tourmente financière qui s'en était suivie, Paul Krugman avait dénoncé dans des lignes saisissantes de justesse[1], l'aveuglement d'économistes éminents persuadés d'avoir mis un terme aux fluctuations économiques de grande envergure et leur incapacité à anticiper voire même envisager l'éventualité d'une défaillance générale des marchés. Alors que la vie économique des populations du monde entier était rythmée depuis 30 ans par la récurrence des crises et le chômage, au début du 21e siècle nombre d'économistes "se félicitaient des succès de leur discipline" et pensaient vivre une forme d'âge d'or de leur profession. A les entendre, la question naguère cruciale de la prévention des dépressions était résolue tandis que les différences de points de vue entre économistes s'étaient effacées, mettant un terme aux affrontements du passé. Certes quand certains affirmaient la permanence de la stabilité de l'équilibre de marché, d'autres objectaient que des turbulences sont toujours possibles, sans atteindre cependant une ampleur hors de contrôle des autorités budgétaires et monétaires. Bref, l'horizon semblait dégagé.

---

[1] Paul Krugman (2009), "How did economists get it so wrong", New York Times, 6 septembre, http://www.nytimes.com/2009/09/06/magazine/06Economic-t.html

Dans cette ambiance où dominait l'autosatisfaction, la profession des économistes s'est discréditée car elle n'a pas su anticiper la violence et la profondeur de la "grande récession" et y opposer une réponse appropriée. En écartant de leurs programmes de recherche tout ce qui aurait permis la prévention des crises, les économistes avaient préparé les conditions d'une "défaillance systémique de l'économie académique"[2] consistant à développer des modèles ne s'intéressant pas aux facteurs clés des déséquilibres et "ne prenant pas en compte l'évolution réelle de l'économie mondiale" (p. 250).

Dans sa critique, Paul Krugman vise les deux courants dominants la pensée économique contemporaine les néoclassiques et les néokeynésiens[3]. Partageant la même orthodoxie, ils ont l'un comme l'autre oublié les enseignements de Keynes, la contre-révolution antikeynésienne que Milton Friedman a initié ayant emporté chez eux toute véritable volonté de combattre les crises économiques. Certes, les néokeynésiens se prétendent convaincus de la nécessité de l'intervention publique, mais ils sont également acquis, comme les néoclassiques, à la thèse selon laquelle les agents économiques sont parfaitement rationnels et "les marchés ne se trompent pas". Dès lors, la crise n'est que le moment durant lequel l'économie s'adapte au changement, et la combattre pourrait avoir des consé-

---

[2] David Colander et al. (2009), "The Financial Crisis and the Systemic Failure of Academic Economics", *Critical Review*, Vol. 21 n° 2-3, pp. 249-267,
https://www.researchgate.net/publication/249051522_The_Financial_Crisis_and_the_Systemic_Failure_of_the_Economics_Profession.

[3] Qu'il appelle les "économistes d'eau douce" pour les néoclassiques et les "économistes d'eau de mer" pour les néokeynésiens, selon la localisation des principaux centres de recherche de chaque courant aux Etats-Unis.

quences plus graves que le mal contre lequel on veut lutter.

L'économie financière, sur laquelle se concentre la critique de Christine Galavielle, illustre pour Paul Krugman aussi, les aspects les plus délétères des transformations de la réflexion économique ces dernières décennies. Alors même que les marchés financiers avaient connu plusieurs krachs et voyaient se développer de manière récurrente des activités spéculatives, l'économie financière s'est organisée autour de l'hypothèse de l'efficience des marchés. Niant la possibilité même des bulles spéculatives, elle s'est attachée à légitimer ce que "Keynes aurait tenu comme des évidences de l'irrationalité des marchés". Les économistes financiers ont développé un modèle théorique constituant "une merveille d'élégance" faisant appel à des outils mathématiques sophistiqués, et récompensés par plusieurs prix Nobel.

De manière plus générale, pour Krugman l'ensemble de l'analyse économique orthodoxe a été frappée d'une altération intellectuelle consistant à "considérer que le cycle économique reflète des fluctuations en rapport avec les progrès technologiques", que "le chômage est une décision délibérée des travailleurs de se mettre en congé" et que le capitalisme est "un système parfait ou presque". Surtout, les économistes d'eau douce et d'eau salée n'ont pas su résister aux charmes et à la beauté formelle de la rationalité des agents et des marchés parfaits. Il s'est donc produit une double transformation de la pensée économique prenant la forme d'un rejet du cadre de pensée keynésien qui permettait de comprendre les crises, et d'une attraction excessive et coupable pour la formalisation. Paul Krugman lie ces deux transformations et affirme : "Pour moi, la profession des économistes s'est fourvoyée car elle en est venue à prendre la beauté vêtue de ses impressionnants atours mathématiques pour la vérité". L'élégance mathématique des modèles orthodoxes a évincé la réflexion critique.

Mais l'attrait compulsif pour la mathématisation n'est plus aujourd'hui une simple addiction à laquelle s'adonneraient par passion certains universitaires. La formalisation est devenue, comme le souligne Laurent Cordonnier[4], une contrainte dans un processus de production de masse des connaissances économiques. Cela tend à focaliser l'attention des chercheurs non sur la pertinence du propos, mais sur la cohérence formelle de l'instrumentation mathématique. En outre, la recherche d'un niveau plus élevé d'expertise dans des domaines où les spécificités sont de plus en plus importantes a provoqué une spécialisation des travaux et finalement une parcellisation des savoirs économiques. Le résultat en est l'incapacité à avoir une vision globale des évolutions économiques et à se forger un jugement pertinent.

Prolongeant ce propos centré sur le processus de production du discours économique standard, Bernard Guerrien[5] insiste sur un paradoxe : les économistes se trompent souvent dans leurs prévisions et ne savent expliquer que le passé, alors qu'ils utilisent un appareillage mathématique extrêmement sophistiqué qui devrait améliorer leur capacité prédictive. Pour expliquer cette étrange situation, Guerrien s'appuie sur l'argument développé naguère par John Stuart Mill pour les phénomènes sociaux, celui de la complexité de l'objet sur lequel porte

[4] Laurent Cordonnier (2011), "Pourquoi les économistes se sont-ils trompés à ce point ?", *L'économie politique*, n° 50, p. 32-44.

[5] Bernard Guerrien (2005), L'économie : science ou pseudo science ? *Science et pseudo-sciences*, n° 69, http://www.pseudo-sciences.org/spip.php?article463 ; Bernard Guerrien (2009), "Irrelevance and ideology", *in* Edward Fullbrook (ed.), *Ontology and Economics. Tony Lawson and His Critics,* Routledge, London and New York, p. 158-161.

l'analyse économique et qui n'autorise pas le recours à l'expérimentation pour confronter différentes théories. Pour Mill, cependant, cela n'interdit pas toute réflexion et il propose de reprendre la démarche prévalant dans la physique de son époque, fondée sur une méthodologie hypothético-déductive. Après Mill, Jevons aussi bien que Walras ont procédé de la même manière, orientant à leur suite l'économie néo-classique alors émergente[6].

A partir de constats tirés de l'observation et d'hypothèses simples, le chercheur déduit des propriétés et tente de déceler des tendances. Il peut les quantifier à l'aide des statistiques disponibles et produire ainsi un discours scientifique. Le problème réside dans le fait que sur cette base on peut envisager un grand nombre de relations causales ce qui explique notamment l'hétérogénéité des modèles présentés par les économistes et l'existence entre eux de divergences. Mais les économistes sont très sollicités aussi bien par les pouvoirs publics que par les médias ou les entreprises, et cherchent à répondre aux questions qu'on leur pose en faisant "tourner" des modèles. En principe ces modèles devraient être simples et conduire à des résultats modestes puisque le raisonnement économique est censé partir d'hypothèses simples. Mais les économistes sont partie prenante de la réalité qu'ils cherchent à comprendre, si bien que leurs opinions et leurs croyances[7] sur le cours de la société et l'action publique se retrouvent de manière déterminante dans les hypothèses qu'ils choisissent et la théorie qu'ils en tirent. On comprend ainsi la production par des gens intelligents de "théories stupides"

---

[6] Edward Fullbrook (2009). "Introduction. Lawson's reorientation". *in* Edward Fullbrook (ed.), *Ontology and Economics. Tony Lawson and His Critics,* Routledge, London and New York, p. 1-12.

[7] C'est-à-dire leur idéologie, Bernard Guerrien, 2009, op. cit. ; Tony Lawson (2009), "The mainstream orientation and ideology. Reply to Guerrien". *in* Edward Fullbrook (ed.), op. cit., p. 172.

dénoncées par Paul Krugman. On comprend aussi que le discours économique standard, issu de croyances *a priori*, puisse manquer de pertinence, en particulier lors de crises sévères qui précisément ébranlent ces croyances.

Tony Lawson utilise lui aussi la référence à Mill pour expliquer l'orientation suivie par l'économie dominante. Mill, comme Jevons et Walras, présumait l'existence d'un isomorphisme entre les domaines de la mécanique et de l'économie. Mais en retenant *a priori* pour l'économie la méthode prévalant en sciences physiques, les économistes orthodoxes procèdent à l'inverse du processus utilisé dans les sciences de la nature qui consiste, préalablement au choix de la méthodologie, à étudier la nature et la structure du domaine de la réalité[8] sur lequel porte l'investigation scientifique du chercheur. Ensuite vient le temps du choix de la méthode, et éventuellement de l'adaptation d'outils mathématiques existants ou de la construction de nouveaux instruments, afin d'éclairer la réalité empirique. L'apport principal de Lawson peut donc être résumé à deux propositions générales :

- 1) Le succès de la recherche scientifique dépend de la détermination et de l'utilisation de méthodes appropriées à la nature des phénomènes qu'elle étudie.
- 2) Il y a d'importantes différences entre la nature des objets étudiés par les sciences de la nature et par les sciences sociales, en particulier l'économie.

C'est pourquoi, la méthodologie employée dans les sciences de la nature ne peut être utilisée en économie[9].

---

[8] L'ontologie au sens de Lawson (2006), "The nature of heterodox economics", *Cambridge Journal of Economics*, Vol. 30, pp. 483-505.

[9] Voir la réflexion générale de Tony Lawson sur la méthodologie économique à la suite de la crise de 2008 : Tony Lawson (2009), "The

Dans un paysage intellectuel brouillé par les injonctions de la pensée dominante, la réflexion que nous propose Christine Galavielle consiste précisément à s'interroger sur la nature des phénomènes dont traite l'analyse économique, singulièrement l'économie financière. A juste titre, elle nous invite à la suivre au long d'un parcours scandé par deux notions qui constituent autant de voiles masquant la vie économique réelle, l'équilibre et la rationalité, dont elle montre les carences. Au bout du chemin, l'économie peut enfin s'émanciper des pièges de la finance.

Jean-Marie Monnier
Professeur à l'Université de Paris-1 Sorbonne

---

current economic crisis: its nature and the course of academic economics", *Cambridge Journal of Economics*, Vol. 33, pp. 759-777.

PARTIE I

L'ÉQUILIBRE, CETTE CHIMÈRE CAPTIVE

Préambule

Il n'y a pas longtemps, je descendis paisiblement la rue de Tolbiac dans le 13e arrondissement de Paris, étant enfin débarrassée des courses du samedi matin. Sur ce tronçon de la rue, il y a des maisons plutôt hétéroclites, souvent remises en état à un moment ou un autre après la Deuxième Guerre Mondiale, avec quelque part au milieu au moins un grand trou qui est là depuis quelques belles années et dont la valeur en vertu du terrain très prisé pourrait faire grimper encore le mètre carré à l'achat, déjà à un niveau qui doit faire saliver nombre de promoteurs.

Impossible de ne pas être interloqué par cette verrue à l'envers, ce vide disgracieux, et je jetais donc un regard vers l'endroit, de l'autre côté de la rue. Au même moment, je fus envahie par un bruit étourdissant, tout près de moi.. Il se trouvait que j'étais seule au milieu d'un espace de quelques mètres, ce qui est assez rare à cette heure de la matinée, et ce fut un hasard heureux – le terme évoquant des circonstances fortuites et imprévisibles – puisque autour de moi s'étalaient alors par terre nombre de morceaux d'une substance en terre cuite dont la reconstitution aurait permis de conclure à la casse d'un pot de fleurs.

On comprendra que je fus d'abord occupée à reprendre mon souffle, en m'arrêtant net devant le petit tas de terre désormais dénudé et dont surgissait un mélange de feuilles cassées et de boutons de fleurs qui étaient désormais condamnés à ne plus jamais éclore. Des azalées peut-être ?

Que l'association d'idées soit pardonnée à l'économiste : des fleurs dans un contexte aussi malencontreux font penser au malheur point virtuel – comme ici – mais bien réel, qui frappa jadis de nombreuses personnes victimes de la « Tulipomanie ». Il s'agissait au milieu des années 1630 de promesses de vente pour des bulbes d'oignon se négociant à des prix de plus en plus vertigineux, jusqu'à l'éclatement de la bulle spéculative. Était-ce réellement la première crise financière ?

Rue de Tolbiac, qui avait bien pu être le malfaiteur responsable de cet événement malencontreux ? Si tant est qu'il y en eût un… Ma première réaction consistait alors à vouloir fuir le lieu précis où la chute d'un pot de fleurs avait failli avoir raison de mon désir – plus ou moins appuyé – de survie. Cette réaction est, parait-il, générale et naturelle aux yeux des psychologues en pareille circonstance : on l'a échappé belle, il ne faut pas tenter le sort.

Je traversais donc la rue, au fond contente que personne n'ait observé ce qui s'était passé, et sans qu'il y ait eu la moindre réaction venant de l'un des étages de l'immeuble devant lequel le maléfique objet s'était écrasé.

Ayant procédé à mes petits achats chez mon Vietnamien préféré, je puis enfin poursuivre mon chemin à faire, sans encombre et essayant de recomposer le déroulement qui avait occasionné mon effroi ô combien justifié.

Une première conclusion rassurante paraissait indéniable : sûrement personne n'avait agi volontairement de la sorte. Il reste donc simplement la version de l'incident qui par chance n'était pas devenu un accident. Un pot de fleurs avait glissé de l'un des étages supérieurs, dont les logements étaient à ma connaissance occupés par des retraités ou leurs ayants droit, conscients des avantages procurés par la municipalité du 13e arrondissement parisien.

Toujours est-il que ce malheureux pot de fleurs a fini par faire des siennes, sans prévenir. Le propriétaire n'avait sans doute pas estimé qu'une telle mauvaise conduite de son végétal était possible, il n'y avait même pas pensé. Or, en matière de mauvaise conduite, il reste peut-être la possibilité qu'un diablotin ait voulu se venger d'une punition consécutive à une mauvaise note obtenue – au fond, pourquoi pas ?

Pour renouer avec des considérations plus matérielles, Il est vrai qu'on observe des fois des attaches destinées à résister aux coups de vent venant balayer les rebords des fenêtres, pourtant d'une précarité évidente..

Dans la vie courante, personne ou presque ne veut voir le risque infinitésimal. Plusieurs réflexions viennent alors à l'esprit : d'abord, un objet de taille réduite, en lui-même inoffensif –-pourvu qu'il ne s'agisse pas du tir d'une balle réelle – peut se transformer en danger pour la vie, si les circonstances s'y prêtent. Ensuite, un danger reconnu au départ comme tel peut néanmoins être balayé, si sa concrétisation parait suffisamment « improbable ». D'aucuns consentent ainsi de se rendre dans des contrées du monde sur lesquelles pèsent des dangers bien connus, chacun pensant qu'il n'y a pas de raison que « quelque chose lui arrive à Lui ».

Or, les cataclysmes collectifs ne donnent lieu à aucune considération préalable, n'évoquent ni imprudence ni vantardise, ils frappent tout simplement, et c'est ici que le souvenir du World Trade Center s'impose en premier. Certes, il faut admettre que des avertissements concernant des actions terroristes avaient précédé le onze septembre, mais ils avaient été suffisamment flous pour ne conduire à aucune véritable tentative de prévention.

Le parallélisme, bien qu'on frôle ici une sorte de blasphème, se fait jour en finance, depuis la crise de 2008, en négligeant sur ce plan des soubresauts antérieurs communément désignés par des termes tels que « très fortes volatilités ». Avant l'effondrement de la banque Lehmann Brothers, très rares avaient été les appels à la prise de mesures de protection sous la forme de barrières à ne pas franchir en matière d'utilisation d'outils financiers tels que les multiples dérivés dont éclosion ininterrompue ne devait certes pas rendre des actions de sauvegarde faciles, mais après tout … le métier des banquiers, c'est la banque !

Dans le cas cité, comme dans d'autres, « les choses ne s'étaient pas arrangées », ce que beaucoup, même parmi les experts considérés comme tels dans ce domaine, avaient pourtant espéré jusqu'au dernier moment.[10]

Il est vrai que les certitudes ont depuis quelque temps reculé dans tous les domaines, tant les faits les ont contredites. Cependant, et contrairement à ce qu'on aurait pu espérer, ceci n'a pour l'essentiel pas conduit à des démarches décisives et innovatrices en matière de gestion dans les sphères individuelles et collectives, mais plutôt à l'embarras devant l'effondrement de ce qui fut et qui n'est toujours pas remplacé, telle la maison manquante de la rue de Tolbiac.

Pourtant, lever les bras ne semble pas être une solution. Dans la suite de ce texte, il sera d'abord tenté de regarder de près la notion d'équilibre qui hante toujours la science économique.. Il s'agira de « démonter » cette notion, con-

---

[10] Une voix discordante et dérangeante s'était néanmoins fait entendre dès 2007 : « Innovating our way to financial crisis », Paul Krugman, 3 décembre 2007, The New York Times Opinion Column.

dition préalable pour pouvoir par la suite trouver des voies de sortie d'une impasse, qui ne constitue aux yeux des économistes hétérodoxes qu'un immobilisme en mal d'avouer sa toile de fond idéologique.

Dans un deuxième temps, et en enchaînement avec les carences constatées pour cause de non-reconnaissance de la vie économique réelle, l'irrationalité des comportements devra enfin gagner la place qui lui revient et pour laquelle se battent tout de même depuis un certain temps de nombreux chercheurs. Le fondateur de cette nouvelle discipline appelée *behavioral economics (*économie comportementale) est Benoît Mandelbrot qui a cherché à familiariser les économistes avec l'idée que toute modélisation qui se limite à des calculs dans un cadre rationnel, négligera forcément des pans entiers des attitudes non seulement des représentants du monde de la finance, mais à travers eux celles des sujets économiques que nous sommes tous.

La Troisième Partie fera reculer les perspectives telles qu'elles ont été dessinées dans le contexte présent, pour se diriger vers une véritable *Prospective* qui impliquera l'abandon de la tendance lourde, et la poursuite d'une évolution différente. Il s'agira en effet de diriger le monde de la finance qualifié souvent de « chaotique » en vertu de la volatilité jugée excessive des titres qu'il gère, vers un avenir plus volontariste, au service, si on peut dire, de la croissance tant désirée. La science du chaos est certes encore à ces débuts, mais des juxtapositions avec la vision probabilistique seront menées, pour dépasser enfin le stade des tâtonnements.

1. Symétrie, harmonie, équilibre

La fausse idée d'une neutralité invariante

Symmetry (the equal strength of adaptive forces) is both the starting point and the conclusion of the GE theory[11].

Or, avant d'examiner les différents aspects et évolutions dans le temps qu'a connu la théorie de l'Equilibre Général, il convient d'interpréter les composantes qui, directement ou indirectement, ont permis à ce pilier de la théorie économique de se maintenir contre vents et marées jusqu'à nos jours, malgré les mises en question devenues nombreuses depuis quelques décennies.

Il faut alors lancer un avertissement préalable : s'il s'agit certes ici de traiter des problèmes que rencontre la théorie financière et plus encore l'application de cette théorie dans le contexte présent, force est de reconnaître que les questions à poser doivent se situer devant une toile de fond beaucoup plus vaste que celle des considérations concentrées sur les mouvements transactionnels.

Or, la symétrie est au départ un concept ambigu qui ne saurait se suffire sur un plan autonome, mais qui a besoin d'une référence. En regardant l'être humain, la symétrie

---

[11] B. Mandelbrot, Fractales, Hasard et Finance, 1997 (Champs – Flammarion), Introduction : La symétrie (la force égale des forces adaptives) est à la fois le point de départ et la conclusion de la théorie de l'équilibre général.

supposée révèle sa vraie nature, de par une non-congruence remarquable imputable à un centre nerveux qui est loin de s'adresser de la même façon aux deux côtés du corps.

Sans chercher à approfondir cette constatation qui appartient à proprement parler au domaine médical, un autre fait nous est plus familier : nous sommes droitiers ou gauchers, et les ambidextres sont rarissimes. Qu'en est-il donc de la symétrie ? On peut être convaincu qu'elle n'a jamais existé au plan de l'exercice de nos facultés, puisque des représentations très anciennes témoignent déjà de cet état de fait. Les deux images reflètent sans l'ombre d'un doute des attitudes de droitiers. L'homme à la hache, aussi bien que celui qui tient son cheval, n'avait sûrement pas d'autre reflexe que celui du droitier. Il est par contre très intéressant de constater que la représentation anthropomorphe en « Y » est en tant que telle nécessairement symétrique.[12]

Qu'il nous soit permis d'insérer ici une remarque qui jette déjà un pont vers le deuxième concept à évoquer, l'harmonie. En regardant « l'homme à la hache » et « l'homme avec son cheval », on a aussi l'impression d'une certaine harmonie : la hache ne semble point être dirigée vers un ennemi, mais plutôt vers des activités domestiques, et le cheval parait déjà passablement domestiqué pour supporter à la fois l'attache et l'autre animal domestique qui ressemble à un chien.

Or, les deux représentations témoignent du souci de se conformer à la symétrie suivant le « design » en Y. Ceci signifie que la symétrie doit être en quelque sorte surveillée et constamment corrigée, dès que l'on pose un pied devant l'autre. Nous rencontrons donc ici une situation qui sera qualifiée plus tard, par la théorie économique,

---

[12] Art rupestre du bassin méditerranéen de la péninsule ibérique, codes individuels selon la liste de l'UNESCO.

d'« équilibre instable », ou encore d'« équilibre dynamique », faisant ainsi appel à la nécessité d'une intervention, au plan économique certes, mais au début bien au-delà.

En effet, en reprenant l'exemple de la marche, c'est notre centre nerveux qui assure le redressement immédiat d'une situation qui autrement deviendrait menaçante, dans la mesure où la chute serait inévitable. Il est tout de même indiqué de s'arrêter un instant et de se demander quelle est la véritable signification de ce « mécanisme ». La nature nous en a équipés pour faire en sorte que nous puissions remédier sans même nous en apercevoir, à une sorte… de quoi, au juste ? D'un manque, d'une défaillance virtuelle programmée ?... comment l'appeler ?

Toujours est-il que lorsque le centre de commande est perturbé, la stabilité en tant que fonction de la symétrie est effacée. Il faut donc une intervention, même si nous la considérons comme « naturelle » et que nous en sommes inconscients.

Or, même si la comparaison peut ressembler à une culbute, il sera exposé ultérieurement qu'il faudra bien une intervention consciente, et point inconsciente, pour que les multiples circuits, y compris ceux de l'économie et envisagés par le génie humain, ne deviennent les victimes de cataclysmes dévorants.

Pour reprendre l'image du corps humain, nous savons que pour la grande majorité d'entre nous, le côté droit est « privilégié », de sorte que l'ensemble des outils quels qu'ils soient, est conçu en fonction de cette prédominance. Encore aujourd'hui, la médecine n'est capable d'expliquer que le « comment » entre droitiers et gauchers, sur la base du fonctionnement des centres nerveux, mais guère le « pourquoi ».

L'homme à la hache / L'homme et son cheval Anthropomorphe en Y

Sur le chemin de l'analyse économique, en quittant la « symétrie d'appel » du corps humain, il vient alors à l'esprit le concept de la « symétrie écartée ». Il s'agit du désir d'aucuns de « gagner sur la part des autres », ce qui peut se révéler au moins de deux façons différentes.

Il peut s'agir de l' « asymétrie de l'information », en ce sens que les détenteurs du capital ou leurs mandataires-gestionnaires, disposent généralement d'informations beaucoup plus complètes que leurs collaborateurs qui mettent à contribution leur force de travail, non seulement physique. En conséquence, la symétrie nous échappe, ce qui est malheureusement le plus souvent une question de moyens financiers. Or, le manque de symétrie en matière d'information est de nos jours souligné vigoureusement, quant à ses liens avec les inégalités sociales, par des chercheurs comme Joseph E. Stiglitz, un des économistes hétérodoxes les plus profilés sur ce plan[13].

Etroitement lié à ce qui précède, est le « délit d'initié » par lequel un personnage profite de renseignements que d'autres ne possèdent pas, et réussit à s'enrichir jusqu'au jour peu certain où l'irrégularité juridique de son comportement est découverte et la sanction imposée.

Une initiative a donc dû être prise, aucun redresseur de torts n'ayant surgi *ex nihilo.* Lorsque le malfaiteur est ef-

[13] Joseph E. Stiglitz, The price of inequality W.W. Norton & Company Inc ; NY 2012, pp. 173, 257

fectivement pris au piège, ce qui survient tout de même de temps en autre, la barre sera redressée, conférant de la sorte l'image de la symétrie retrouvée et du cap corrigé. Les médias en parlent et le public est content que justice ait pu être faite, mais de nombreux individus pourront se dire qu'ils l'ont échappé belle, et que donc le « pot de fleurs » n'est pas tombé loin d'eux, mais bon…

Le manque de symétrie se révèle comme l'une des images clé de l'économie de marché : les oligopoles en tant que configuration dominante, témoignent d'un déphasage permanent et trop souvent nié. Ce contexte sera évoqué plus en détail, sachant qu'il parait difficile d'envisager des changements importants sur ce plan, les problèmes qui accompagnent ces structures étant intimement liés à l'environnement réel aussi bien que financier.

Concernant précisément le domaine financier, Thierry de Montbrial se sert de l'exemple du *moral hazard* pour souligner l'abus de positions dominantes ainsi que les effondrements qu'elles peuvent engendrer[14]. Surgit alors le spectre de la banque Lehmann Brothers qui, confiante en son importance pour le secteur bancaire et l'économie des Etats-Unis dans leur ensemble, se croyait à l'abri de la faillite qui lui fut néanmoins signifiée par le Trésor des Etats-Unis. Même si « les éclats de la casse » ont alors blessé nombre d'innocents incrédules, il n'est pas certain que pareille mésaventure ait inspiré plus de « moralité » ou plutôt d'éthique à l'ensemble de la branche.

Au deuxième plan, si on veut, plus « philosophique », l'analyse de la symétrie dépasse le contexte strictement économique, ce que nous croyons être admissible dans le cadre de cette étude et au service de l'interdisciplinarité,

[14] Thierry de Montbrial, L'économie politique entre science, idéologie et gouvernance, 18-03-2010 (discours)

souvent appelée à l'aide lorsque l'économie et la finance à elles seules se trouvent dans l'embarras.

Peut-être est-ce la *neuro-économie* qui permet ici de jeter un pont vers les comportements « de tous les jours » qui nous échappent dans leur grande majorité et qui néanmoins s'intègrent dans les considérations portant sur la symétrie. Il en sera davantage question dans la Deuxième Partie de cette étude, lors du questionnement de la rationalité des comportements en général, mais il convient d'évoquer dès maintenant certains profiles dont l'enracinement mérite d'être souligné.

Ainsi, ce qui suit peut d'abord paraître anodin, pour révéler progressivement ses pièges.

Mentionnons d'abord la différentiation très générale entre « droit » et « gauche ». « Tiens-toi droit !», doit-on entendre lorsque, enfant, on se recroqueville sur sa chaise, au moment des repas ou de devoirs scolaires. Lorsque par ailleurs on fait preuve de peu d'aptitudes de bricoleur, et ce qu'on soit enfant ou adulte, on se fait qualifier de « maladroit ». Ce qualificatif se retrouve également au plan de la gestuelle – ne pas ouvrir une porte pour que quelqu'un puisse passer le premier - ou du langage, puisqu'il peut être maladroit de dire certaines choses qu'il eut été préférable de taire ou du moins d'exprimer autrement.

Entre temps, le lecteur a probablement deviné la suite : au plan politique, le langage usuel acquiert un poids beaucoup plus important lorsqu'il s'agit de distinguer les partis. La Droite et la Gauche, loin de servir uniquement à l'évocation de personnalités ayant telle ou telle caractéristique ou poursuivant tel ou tel objectif ou programme plus ou moins clairement définis, gardent à ce jour un biais hélas point virtuel.

Pour ce qui est de la Droite – il est fait abstraction ici de mouvements extrémistes – elle s'appuie sur un long passé de conservation, ce qui lui a apporté de label de « conservateur ». Aujourd'hui, ce label a certes perdu de sa superbe, mais il n'a pas changé de signe qui reste positif. Il s'agit ainsi de conserver ce qu'on a pu conquérir, ou souvent acquérir, et cela en vaut bien la peine !

La Gauche, et quoi qu'on en dise, reste sur la défensive, et le fait que cette affirmation vaille aujourd'hui au premier comme au deuxième degré, ne change rien à l'essentiel. Bien entendu, on peut de nos jours mentionner le fait d'être de gauche sans (trop) craindre pour la poursuite de sa vie professionnelle, mais il reste le lointain rappel de mai soixante-huit, lorsque fin juin tout était rentré dans l'ordre, chez Renault aussi bien qu'à l'Université, un soupçon restant du « désordre », puisqu'à la Sorbonne l'assistant ne porte plus (que rarement) la serviette du professeur.

Avant de passer à un concept voisin quoique encore plus large, il peut être indiqué de placer la symétrie, pourvue de tous les points d'interrogation auxquels il a été fait allusion, en face de la démocratie. Or, c'est presque chose faite, puisque les préférences évoquées ci-dessus laissent anticiper un contexte global assez flou pour qu'il faille le préciser.

En effet, la symétrie au sens le plus large ne constitue guère le support qu'on aurait pu souhaiter par rapport à ce concept toujours en devenir. Cependant, être conscient de la fragilité démocratique peut constituer une aide qui ne devra pas être une béquille. Il est donc nécessaire d'agir et ce à tous les niveaux, et les réflexions qui suivent permettront progressivement de voir se concrétiser les initiatives qui s'imposent aujourd'hui au plan de la finance.

En attendant, l'échafaudage virtuel qui sera celui de ce livre s'adresse également à des travaux menés certes par des philosophes, le contexte économique faisant néanmoins le plus souvent partie de leurs considérations et études. Surgit alors un deuxième concept : celui de l'Harmonie.

Les interprétations différenciées de l'harmonie

Il n'est point difficile de dénier toute connotation harmonieuse à la finance des temps présents. En fut-il toujours ainsi ? Ceci nécessitera un regard vers un passé assez lointain, alors qu'à l'heure actuelle les parties prenantes d'une construction financière globale et rénovée, en préparant un « Bâle III » dont il sera question ultérieurement, constatent que le chemin vers un état d'harmonie parait à la fois long et fallacieux.

Il semble alors utile d'avertir le lecteur que les concepts évoqués d'harmonie, et par la suite d'équilibre, ne seront pas situés dans un cadre chronologique, mais plutôt cités en exemple pour illustrer le propos qui se voudra normatif plutôt que positif. En effet, si ce qui est, mérite d'être rappelé, il conviendra de dépasser la constatation de l'état de fait et de dessiner des chemins d'avenir porteurs.

Or, pour ce qui est de l'harmonie, les figures éminentes de la Grèce antique nous ont légué des considérations qui ne peuvent qu'enrichir nos réflexions, y compris celles qui sont orientées vers l'avenir.

C'est ainsi que Platon et Aristote, héritiers de Socrate, insistent sur les imperfections de ce monde et des individus qui le peuplent. Pour ce qui est du premier, l'harmonie se trouverait dans *La Cité idéale* qu'il craint d'être hors de portée, de sorte qu'il se concentre sur *La Cité possible.*[15] En effet, l'« idéal » serait de priver les individus quels qu'ils soient, de tout droit sur la richesse sociale, ce qui est une considération ô combien moderne !

De sorte que dans *La Cité possible*, Platon évoque l'obstacle des inégalités économiques en présence depuis de nombreuses générations[16]. Or, s'il admet que la communauté des biens, des femmes et des enfants ne constitue guère un

[15] Henri Denis, Histoire économique, PUF-Thémis, Paris 1966
[16] Henri Denis, op.cit. p. 29

vœu réaliste, il envisage une confiscation des grandes fortunes en vue de l'instauration de l'harmonie sociale dans la cité. Dès lors, il est aisé de faire le pont à travers au moins deux millénaires, en pensant à l'impôt fortement progressif tel qu'il est proposé de nos jours notamment par Thomas Piketty dans son ouvrage « Le capitalisme au XXIe siècle »[17].

Dans *Les Lois,* Platon s'efforce de limiter le gouffre qui plane entre la Cité idéale et la Cité possible[18]. Il insère l'organisation économique dans l'organisation sociale, et là encore nous rencontrons une vision étonnamment moderne, dans la mesure où règne – jadis comme aujourd'hui – une liaison à double sens entre les deux concepts : « Les classes inférieures » de Platon se retrouvent dans des textes comme celui de Nicolas Jounin[19] où le gouffre entre les classes sociales est invoqué certes sans haine, mais en tant que réalité manifeste.

Ainsi, ce qui était exclu pour Platon, reste limité sinon exceptionnel de nos jours : lorsqu'on est sans travail, les portes de la culture s'ouvrent difficilement, alors que les personnes venant d'un milieu traditionnellement « cultivé » auront moins de mal à se réinsérer dans le contexte économique dans le cas d'un « passage à vide » momentané.

Concernant la *Cité possible*, Platon reste assez pessimiste et laisse entrevoir des doutes quant à la volonté des citoyens de réaliser des progrès qui seraient bénéfiques pour tous. De sorte que *l'harmonie* dans la cité reste problématique et l'équilibre de la vie collective qui devrait en résulter, un jeu de leviers entre les mains de quelques-uns, et sûrement pas une évolution « naturelle ».

---

[17] Thomas Piketty, Le capitalisme au XXIe siècle, Le Seuil, 2013
[18] Henri Denis, op.cit. p. 17
[19] Nicolas Jounin, Voyage de classes, Editions La Découverte, 2014

Néanmoins, Platon s'efforce d'être convaincant, en appuyant son argumentation surtout sur ce que Th. De Montbrial appelle « l'hypothèse de la convexité ».[20] En effet, si de nos jours cette hypothèse qui est celle des rendements décroissants, est très généralement contredite par les faits, elle signifiait pour Platon l'effort qu'il consacrait à l'explication qu'une consommation débridée du fait de ceux qui en avaient les moyens, procurait une utilité – et donc une satisfaction – fatalement décroissante.

Ici encore, on peut être tenté de jeter un regard sur notre monde moderne, où les rendements au plan de la production ne sont le plus souvent pas décroissants, et où le *lucre* dont bénéficient certains (exemple : les champions de boxe ou de football) ne semble guère leur procurer des satisfactions décroissantes.

Si Aristote (384 – 322 av. J.-C.) reste comme Platon hostile au lucre, sa vision est plus ciblée et concentrée sur les aspects proprement économiques tels qu'il les perçoit. La *chrématistique*, l'économie d'argent, n'a pour lui rien de *naturel,* cet attribut étant réservé à l'échange qui est à la base du lien social. Peut-on aller aussi loin que de comparer cette interprétation avec le « voile d'argent » jeté pardessus de l'économie par certains tenants de l'économie néo-classique ?

Pour rendre justice à Aristote, il convient alors de préciser qu'il condamne cette économie d'argent, alors que les économistes attachés au courant néo-classique, parlant d'un « voile », font mine de priver l'argent de son agressivité inhérente. Ainsi, pour Aristote, l'argent « dérange », il s'oppose donc à l'harmonie dans la cité. Il est par ailleurs remarquable de trouver chez Aristote la différenciation établie entre la valeur subjective et la valeur commerciale du bien qui fait l'objet de l'échange.

---

[20] Thierry de Monbrial, op.cit. pp. 5 et 21

Une telle conception « bicéphale » de la valeur se retrouve plus tard jusque dans les théories modernes, sous différentes variantes, comme il sera exposé par la suite. En étudiant Aristote, par contre, on a l'impression que l'argent ne joue même pas le rôle d'un mal nécessaire, au titre du lien social. On sent ainsi chez Aristote le regret de l'abandon du troc, et avec lui la perte d'*harmonie* dans la cité.

L'interprétation de l'idée d'harmonie devant un horizon véritablement vaste, parce qu'allant de l'Antiquité jusqu'au Moyen Âge, ne saurait faire abstraction de l'œuvre fondatrice de Max Weber[21].Donnant en effet indirectement raison à Aristote, l'auteur souligne « le droit de disposition souverain, et sans égard aucun qu'exerçait la *polis* grecque, spécialement la démocratie, sur la fortune privée de ses citoyens »... « d'une manière que le Moyen Âge n'a jamais connue. »[22]

Il ne faut certes pas oublier qu'un souci majeur était pour Max Weber l'évolution du capitalisme, de sorte que cet aspect constitue également un fil rouge dans le cadre de son ouvrage principal. Les époques du déclin des États antiques étaient ainsi celles de l'effondrement du capitalisme naissant, l'esprit entrepreneurial étant bloqué pour cause d'absence d'appât du gain. Puis, au sujet du Moyen Âge : « L'ordre de la monarchie, si bienfaisant pour la masse des sujets, signifiait précisément la mort du développement capitaliste et de tout ce qui reposait sur lui ».

Nous sommes bien entendu en droit de poser la question de savoir si un état d'*harmonie* peut coexister avec un état de soumission, moins évident dans les cités grecques antiques que dans les monarchies du Moyen Âge.

---

[21] Max Weber, Economie et société dans l'Antiquité, 1909, Editions La Découverte, 2001

[22] Max Weber, op.cit., p. 114

En définitive, le concept d'*harmonie* a gardé une connotation ambigüe qui ne semble pas avoir disparu. Il s'est affirmé davantage au XIXe siècle, sur des bases dépassant celles de l'organisation économique, de sorte qu'il est question alors d'*harmonie sociale*[23], mais nous voyons aujourd'hui que la finance constitue justement une des pierres d'achoppement auxquelles se heurtent de tels efforts.

Pour ce qui est de Simonde de Sismondi, il fait figure de réformateur, de sorte que les initiatives qu'il propose ne visent point un basculement du système dans lequel il vit. Celui-ci était, au XIXe siècle, déjà résolument capitaliste, de sorte que la grande majorité des hommes subissaient les lois non écrites de la finance sans avoir de l'emprise sur elles.

Est-ce que dans les faits la situation est tellement différente de nos jours ? Peut-être en théorie, mais les sondages révèlent que la grande majorité des citoyens ont du mal à définir un concept tel que le marché monétaire.

Toujours est-il que Simonde de Sismondi espérait pouvoir tendre vers l'harmonie, sans se faire trop d'illusions au sujet des avancées possibles. Un véritable changement serait, pense-t-il, « presque au-dessus des forces humaines ».[24] C'est donc finalement un constat de carence auquel il se livre, laissant la finance à son sort de prospérité continue.

Les positions prises par John Stuart Mill sont tout de même très différentes. Son harmonie sociale à lui vise résolument l'ensemble du système économique qu'il ne veut certes pas détruire, mais qu'il veut rendre plus juste dans l'intérêt du plus grand nombre. Point hostile néanmoins à l'idée du communisme, il estimait que l'harmonie sociale, et donc une répartition plus égalitaire des ri-

---

[23] René Passet, Les grandes représentations du monde et de l'économie à travers l'Histoire, Les liens qui libèrent, 2010, pp. 312-315
[24] René Passet, op. cit. citation p.313

chesses, étaient possibles. L'épanouissement de l'individu qu'il espérait ainsi rendre réel allait néanmoins en sens contraire de l'idéal communiste qui n'a jamais cessé d'affirmer l'impérieuse nécessité de l'égalitarisme.

Admettons que l'égalitarisme puisse s'imposer – ne serait-il pas *in fine* à l'opposé de l'intérêt commun ? La question a souvent été posée.

Quant à John Stuart Mill, et en dépit d'affirmations qui semblent aller en sens contraire, on est en droit de se demander si sa pensée n'était pas essentiellement imprégnée par le rayonnement et l'individualisme inhérent au Siècle des Lumières.

La Symétrie et **l'Harmonie** se présentent en conséquence comme deux concepts essentiellement normatifs qui n'ont rien de « naturel ». Il faut donc – ou disons plutôt, il faudrait – agir, pour qu'ils acquièrent un caractère positif dans nos sociétés. Ils appartiennent à la modélisation de **l'Équilibre** tant convoité, dont l'existence constitue l'une des pierres angulaires des théories économiques et financières.

On peut estimer que la symétrie et l'harmonie se prêtent plus facilement à la démonstration de ce qui est inachevé, sans qu'il y ait des synergies qui puissent mener vers un « état » d'équilibre. Sur la base de ce qui précède et concernant la symétrie, on peut citer au premier degré l'utilisation biaisée des membres du corps, et au deuxième degré les attributs, également biaisés, des qualificatifs de « gauche » et de « droit ». Pour ce qui est de l'harmonie, la pacification opérée par les gouvernants peut être considérée comme se trouvant au deuxième plan, alors que la liberté intellectuelle peut être envisagée à un niveau supérieur du même concept.

Il n'est guère nécessaire de souligner le fait que les « achoppements » concernant la symétrie comme l'harmonie sont omniprésents, et qu'il manque des barrières protectrices à l'image de celles qui auraient pu retenir le pot de fleurs virtuellement assassin.

Dans la suite de la première partie de cette étude, l'effort portera sur la mise en échec de la notion même d'équilibre, consécutivement à la mise en question des « marches » qui devaient y mener, à savoir la symétrie et l'harmonie. En effet, l'idée au sens platonicien du soubassement ontologique, de sa validité universelle et de son indépendance de toute réflexion interrogative, revient à attribuer à la notion d'équilibre le privilège de l'existence et de ce fait de l'achèvement.

Le Chariot[25]

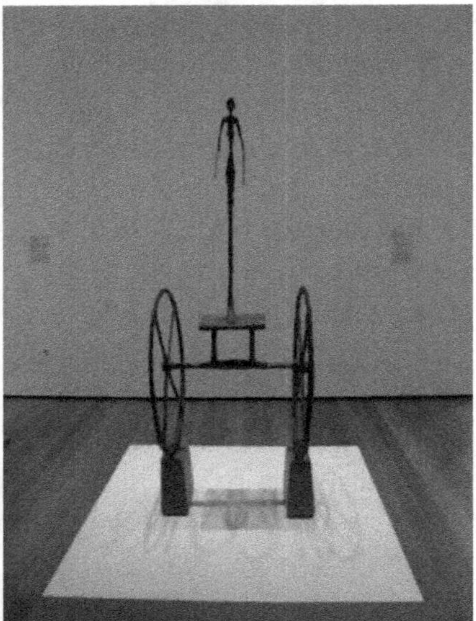

[25] Alberto Giacometi, 1950. Peinture de bronze sur bois. Acquisition MoMa 2011. Commentaire (traduit de l'anglais par l'auteur) : « Debout sur deux grandes roues rappelant celles d'un chariot ancien égyptien, une femme filiforme se tient dans un équilibre précaire, comme pour toujours suspendue entre mouvement et stase ».

L'équilibre en dehors du temps, ce laissé-pour-compte de la science économique orthodoxe

Il semble essentiel de retenir au départ que le concept de la quatrième dimension a été relégué l'arrière-plan de la recherche, ou même effacé en tant que tel. Nous verrons que cette lacune subsiste encore aujourd'hui, à l'exception du courant hétérodoxe.

L'idée d'équilibre peut au départ être envisagée comme un processus en termes d'approches[26].

Or, le rôle que joue le temps au-delà de la problématique proprement économique se prête à une double interprétation, comme le souligne B. Tieben : en tant que concept logique ou de façon simplement calendaire. Le problème posé par l'interprétation logique est alors l'exclusion du raisonnement de l'incertitude, autrement dit de l'inattendu, déjà présent dans les écrits de F.H. Knight et cité par Tieben.

De toute évidence, l'interprétation logique du facteur temps est incompatible avec les points de vue défendus depuis toujours par les tenants de la théorie économique hétérodoxe, puisqu'il n'y aurait pas de place pour l'inattendu, quel que soit le nom qu'on lui donne. La voie serait toute tracée, du moins dans le contexte de la logique. On pense ici à des philosophes de notre époque parlant de « la fonction rectificatrice et pacifiante des mathématiques ».[27]

De façon plus abrupte, on pourrait dire alors que l'ordre règne, ce qui signifie que nous serions ramenés au concept déjà mis en relief, celui de l'harmonie. Or, ceci implique fatalement de reconnaître à l'interprétation logique du

---

[26] Bert Tieben, The concept of equilibrium in different economic traditions, Edgar Elger, 2012

[27] Alain Badiou, Le Concept de Modèle, nouvelle édition 2007, Editions Fayard, cit. p. 17

temps une forte connotation idéologique dont la présence sera discutée par la suite.

Or, si dans la poursuite de l'examen de la notion d'équilibre et de son existence envisagée, il sera certes fait allusion aux grands économistes et aux différents courants de pensée, il n'y aura pas de chronologie stricte, au profit de recoupements qui devront permettre de justifier *in fine* des initiatives proposées dans la Troisième Partie de l'Étude.

2. Quel « laissez-faire » ?

Les commentaires ci-dessus, concernant l'Antiquité et allant jusqu'au Moyen Âge, s'inscrivent dans un contexte plus large que celui de l'économie, englobant l'ensemble de la vie sociale, les inégalités et les efforts des gouvernants de maintenir un cadre de vie accepté par la communauté des citoyens.

Ainsi, ce n'est qu'à l'aube des temps modernes, que la réflexion s'adresse plus particulièrement au fonctionnement de l'*économie* ainsi qu'à ses dysfonctionnements remarqués.

Au départ, on ne saurait échapper à l'image de « la main invisible » d'Adam Smith qui conforte depuis des siècles la pensée libérale. À ce sujet, Joan Robinson a affirmé en 1946 que « *the hidden hand will always do its work, but it may work by strangulation* ».[28]

Rappelons également ici un avertissement datant de bien avant celui prononcé par Joan Robinson, et appartenant à Simonde de Sismondi (cf. ci-dessus) : « *Gardons-nous de la dangereuse théorie de cet équilibre qui se rétablit de lui-même !... Un certain équilibre se rétablit, il est*

---

[28] Joan Robinson, « The Pure Theory of International Trade », in Collected Economic Papers, Oxford, Basil Blackwell, 1966, p. 189.

vrai à la longue, mais c'est par une effroyable souffrance ».[29]

Il est alors utile de rappeler le contexte de cette citation qui fut celui de la discussion autour du salaire minimum imposé par un gouvernement. Ce qu'elle avait voulu exprimer était l'absence d'une garantie que le *salaire d'équilibre* pratiqué sur un marché, et assurant en effet le plein emploi, serait en même temps un *salaire de subsistance (*ou *salaire décent)* [living wage]. Ce propos « keynésien » appartient donc au 20e siècle et sera repris ultérieurement. Ajoutons tout de même dès maintenant que le climat économique et social de l'Angleterre d'aujourd'hui n'est guère à l'opposé de la toile de fond qui avait motivé jadis le commentaire de l'illustre économiste de Cambridge.

Adam Smith, était-il croyant ?

Si la question peut paraître surprenante, elle n'en est pas moins essentielle dans le contexte global de cette étude qui veut démontrer qu'une régulation des flux financiers sera à même de prévenir des effondrements comme ceux que nous avons déjà connus, et d'autres à venir qui pourraient nous laisser avec des débris du système de marché, si des garde-fous ne sont pas définitivement installés. À la place du passant sursautant devant les débris du pot de fleurs, la chute pourrait alors mettre en danger le système dans son ensemble.

Pourquoi la croyance Adam Smith, si elle est avérée, est-elle importante au plan de la discussion du libéralisme naissant ?

---

[29] Simonde de Sismondi, Nouveaux Principes d'Économie politique, 1819, Livre VI, Chapitre 6, cit. p. 220

La réponse à cette question a une signification majeure dans le contexte de la théorie de l'équilibre général qui s'efforce encore de nos jours, bien que le plus souvent de façon plus subtile, de s'opposer à une régulation efficace des flux financiers. Sans vouloir revenir sur l'image du monarque bienveillant protégeant la masse de ses sujets contre les excès d'un capitalisme naissant, il s'agit aujourd'hui de battre en brèche une spéculation par définition hasardeuse.

Or, le Blog de Robert P. Murphy déploie l'essentiel de la discussion autour de la « main invisible ».[30]

Dans le contexte de son Blog, l'auteur combat vigoureusement l'idée suivant laquelle il y aurait chez Adam Smith un « *as if* », signifiant que le marché fonctionnerait « comme si » une main invisible l'orientait.

Cependant, il n'y a pas de « as if » dans le texte d'Adam Smith. De mauvais esprits auraient alors fait valoir que l'auteur redoutait la disgrâce s'il avait, ne fut-ce par une allusion subtile, suggéré qu'il pourrait ne pas y avoir une divinité pour diriger le monde. Ce qui est néanmoins peu convaincant, étant donné l'estime dont jouissait l'auteur de son vivant auprès des autorités séculaires.

Il reste que la métaphore de la main invisible signifie des prix d'équilibre sur tous les marchés. Même en acceptant cette affirmation, on cherche en vain le mécanisme autorégulateur derrière ses agissements.

Quant à la prise en considération de l'argent par les recherches d'Adam Smith, la main invisible ne s'y heurte nullement, elle le caresse en quelque sorte. L'argent ne contribue pas au revenu national, puisque « la grande roue de la circulation est tout à fait différente des marchandises qu'elle fait circuler. Le revenu de la société se compose

---

[30] Free Advice, The personal Blog of Robert P. Murphy, 21 juillet 2013

uniquement de ces marchandises, et nullement de la roue qui les met en circulation »[31].

Donc, l'argent est un serviteur, il peut être considéré au mieux comme une sorte de gant que met la main invisible pour mieux saisir l'essentiel.

Une bonne illustration de ce qui vient d'être dit, est la façon dont Adam Smith intègre le concept de concurrence dans ce contexte : il admet certes le caractère séquentiel des transactions, et ne saurait donc nier le temps en toile de fond, mais il néglige des aspects essentiels au plan micro- ainsi que macroéconomique : au fil du temps, les préférences changent, et des cycles économiques surviennent, accompagnés souvent d'évolutions structurelles des économies concernées. On peut donc considérer que ce n'est pas seulement un gant, mais un gant de velours qui entoure la main invisible et qui met finalement tous les concurrents d'accord malgré eux…

A partir d'ici, et en considérant que les transactions ne sauraient se dérouler en dehors de la sphère monétaire, et même si le monde d'Adam Smith ressemble plutôt à un monde de troc, le raisonnement de l'auteur reste passablement flou concernant l'usage du papier-monnaie, et le rôle que joue l'argent en général. S'il n'est pas vraiment opposé au papier monnaie, et en reconnaissant l'insuffisance des stocks de métaux disponible dans le cadre d'un volume de transactions grandissant, il estime qu'il ne faudrait pas en faire un usage excessif.

Parlant de John Law, Adam Smith désigne en effet son système qui s'était déjà écroulé, comme « splendid, but visionary »[32]. Splendide ? Adam Smith ne pouvait guère

---

[31] Adam Smith, Recherches sur la Nature et les Causes de la Richesse des Nations, t. 2, 1776echerches sur la Nature et les Causes des Richesses des Nations, 1776

[32] Citation d'Alberto Giacomin, The two faces of Smith's theory of money, "Ca Foscari" Université de Venise

ignorer le contexte de la constitution, puis de l'effondrement, du système de Law. Il y avait à la base la connivence avec la plus haute noblesse qui, avide de lucre, avait réussi à faire croire pendant un certain temps que la dette publique devait suffire comme garant des sommes reçues dans le cadre du système.

Or, la dette publique était bien imbriquée dans le monde des transactions de l'économie réelle. En conséquence, l'argent était sûrement autre chose que la grande roue qui, suffisamment entretenue, ne saurait gêner l'équilibre des prix sur les marchés.

On observe donc une ambiguïté certaine dans l'œuvre d'Adam Smith : il ne faut pas gêner la marche du Monde telle qu'elle l'a voulue la divinité – il ne faut donc pas que les humains prennent leur destin en main en intervenant sur les marchés, ce qui finalement caractérisait les initiatives de John Law, de sorte qu'Adam Smith estime implicitement « normal » que le système de John Law ait dû disparaître. Il est vrai que ce n'était pas imputable en premier lieu aux agissements de la Cour et d'autres instances publiques, mais à la perte de confiance de ceux qui dans un premier temps s'étaient rués sur les titres émis.

En cela l'évolution rappelle celle de la Tulipomanie, le « krach » étant dû comme jadis à une perte de confiance, le même phénomène qui de nos jours a conduit à l'effondrement de la Banque Lehmann Brothers, bien qu'il faille dans ce dernier cas citer le *moral hazard* (cf. supra).

Dans le contexte de l'interprétation du rôle de la monnaie, Jacques Sapir[33] fait appel à l'ouvrage *La Violence de la Monnaie*[34] pour poser la question de la monnaie « bouc émissaire ». Ainsi, *« Vouloir faire de la monnaie non pas*

[33] Jacques Sapir, Les Trous Noirs de la Science Economique, Albin Michel, 2000, cit. p.198

[34] M. Aglietta et A. Orléan, Paris PUF, 1982, pp. 42-43

un lien, mais le *lien symbolique pour les sociétés dominées par une économie de marché, revient à supposer que les sociétés entretiennent un dialogue avec un au-delà, quelle que soit la nature de ce dernier ».* Peut-on dire qu'ainsi le cercle est fermé ?

François Quesnay : était-il agnostique ?

Il peut surprendre que François Quesnay dont l'œuvre centrale, le Tableau Economique, date de 1758, donc presque vingt ans avant celle d'Adam Smith, figure ici **après** ce dernier. La raison en est que *la main invisible* a occupé – et occupe encore – le terrain de la pensée économique avec un tel aplomb qu'il a semblé adéquat dont démontrer les failles, avant de mettre en relief les recherches d'autres auteurs moins « visibles » au premier degré.

François Quesnay fut le premier à mettre en évidence l'interdépendance des activités, les différentes composantes de la reproduction ainsi que l'équilibre qui était sensé en résulter. Plus tard, cette interdépendance fut reprise, saluée ou accusée, par des auteurs tels que Walras, Marx et Léontief.

Or, le Tableau Économique ne représente point un cadre positif, mais normatif de ce que devrait être l'économie. En lisant et interprétant le Tableau Économique, on réalise que la reproduction pure et simple – et donc point la reproduction élargie de Marx – constituera le meilleur état qui puisse exister, du moins pour la France.

On remarque que la pensée de Quesnay est empreinte d'autonomie : il n'a que faire de la théologie et de la politique dont on cherchera en vain des traces ici. Éminent représentant de l'école des Physiocrates, Quesnay affirme que puisque la régulation a bien lieu d'elle-même, l'économie ne saurait se voir imposer des mesures contraignantes, puisque les revenus opèrent un équilibre global.

Ajoutons que Quesnay et d'autres Physiocrates déclarent l'intérêt comme étant légitime, du fait que l'argent prêté aurait pu être utilisé à des fins d'investissement. Ce n'est donc rien d'autre que l'ancien concept du *lucrum cessans* que l'on retrouve ici.

Plus important parait le fait que chez Quesnay comme chez Smith l'argent n'est point acteur, sans qu'il faille pour autant lui attribuer un rôle de simple observateur. Il a deux fonctions, étant parallèlement l'étalon de mesure et l'intermédiaire des échanges.

Grâce au Tableau Économique de Quesnay, les Physiocrates peuvent être considérés comme les précurseurs de la Comptabilité Nationale qui ne se construira qu'au cours des années 1950.

Or, même si les travaux de Quesnay « stérilisent » en quelque sorte la monnaie, la représentation des flux réels (comme par la suite les développements d'entrées-sorties de Léontief) peut s'avérer significative en la présence de bulles financières suggérant un besoin imminent de recours à des garde-fous au titre de la régulation. De toute évidence, Quesnay n'avait pas envisagé pareille débâcle.

Toujours est-il qu'il faut reconnaître une régression certaine de la pensée, en jetant un nouveau regard sur Adam Smith par rapport à Quesnay, puisque toute autonomie, et donc toute liberté d'action, y est proscrite.

Étienne Bonnet de Condillac, un mal-aimé du libéralisme naissant

Cet auteur, esprit brillant et subtil, contemporain de Adam Smith, a publié son ouvrage principal « Le Commerce et le Gouvernement considérés relativement l'un à l'autre », la même année que l'ouvrage central de ce dernier, en 1776.

Comme il a déjà été souligné, le succès immédiat des travaux de Smith de son vivant, a quelque peu laissé dans l'ombre d'autres auteurs qui méritent d'être mieux appréciés, ne serait-ce que pour l'originalité de leur pensée.

Néanmoins, en ce qui concerne Condillac, il peut surprendre de le voir figurer ici, dans une étude qui vise *in fine* les nécessités et modalités d'intervention sur les marchés financiers et la régulation de ceux-ci, pour empêcher de nouveaux avatars dans ce contexte.

La justification de sa présence est double, sinon triple. On constate d'abord que ses idées concernant l'équilibre sur les marchés sont assez singulières, comme le souligne René Passet[35]. En effet, trois étapes successives jalonnent l'évolution, la première concourant à un équilibre des besoins fondamentaux, suivie de celle qui caractérise une « vie simple », pour aboutir dans un troisième temps à une situation d'équilibre caractérisant une « vie molle » et donc une vie où le superflu et l'inutile prévalent. Comme le fait remarquer René Passet, Condillac estimait que l'Europe de son époque avait déjà atteint ce stade.

Quel est alors chez Condillac le rôle du temps ? Va-t-il au-delà du séquentiel pour devenir dynamique ? On ne saurait l'affirmer, tant l'évolution en passant par les trois étapes paraît naturelle sinon inévitable.

Toujours est-il que Condillac parait comme un « vrai » libéral puisqu'il préconise des marchés libres, complètement dérégulés et en nette contradiction avec la politique du contrôle par l'État en vigueur en France.

Néanmoins, la contribution reconnue à Condillac symbolise encore de nos jours l'attribution d'une valeur subjective aux choses, et ce quelles qu'elles soient.

[35] R. Passet, op.cit. pp. 235-236

L'étalon de valeur peut de ce fait être librement choisi, et s'il est vrai qu'au cours de la première étape d'équilibre (cf. supra) le blé s'offre comme étalon de mesure, d'autres choix sont possibles, y compris celui de la monnaie dont on peut estimer qu'elle se prêterait le mieux pour servir au cours de la troisième étape d'équilibre, celle où prévalent le luxe et l'inutile.

Pourtant, l'idée qui s'impose lorsqu'on raisonne sans préjugé – et donc sans qualifier d'emblée la thèse de la valeur subjective comme aberrante – est celle d'une surprenante modernité de l'œuvre de Condillac. Même s'il serait sans doute excessif de vouloir faire de lui un précurseur des tenants de l'Économie Comportementale, on ne saurait nier que le Monde moderne procède souvent à une appréciation des valeurs qui ressemble à de la haute voltige.

Au fond, la spéculation est toujours liée à un désir, que ce soit celui de posséder ou encore de ne plus posséder un bien ; dans le cas présent, ce désir porte sur la détention de tel ou tel titre, et peu importe le cadre réel de l'entreprise qui l'a émis. C'est donc sur ce plan que Condillac a certainement sa place dans cette étude, même s'il parait attaché à l'idée d'équilibre en tant que telle, fut-ce par étapes.

Jean-Baptiste Say : Le voile et l'idéologie

Que le lecteur se rassure : il ne s'agit pas ici de plonger dans les profondeurs – si tant est qu'on puisse les appeler ainsi – de la situation conflictuelle présente.

La malencontreuse formule du *voile d'argent* survit, même s'il est désormais plutôt mal vu de l'appeler par ce nom. Plutôt, et comme il a été souligné précédemment, on nie la spécificité de la monnaie au titre d'un acteur dont le rôle est fortement imbriqué dans ceux joués par les autres vecteurs de la vie économique, qu'ils soient matériels ou immatériels.

En effet, plusieurs arguments militent en faveur de la nature *sui generis* de la monnaie. D'abord – et mention a été faite au début de l'étude dans le cadre de la symétrie au sens le plus général – on constate un décalage entre les informations que détient le vendeur et celles qu'il veut bien révéler à l'acheteur. Comment veut-on que l'acheteur d'une voiture, et qui plus est d'une voiture d'occasion, puisse connaître les qualités et les défauts de l'objet de sa convoitise, s'il n'est pas ingénieur de la branche ?

De sorte qu'il existe ainsi dans la vie réelle des déséquilibres permanents, en vertu de l'incertitude omniprésente au plan microéconomique. En serait-il autrement dans une économie de troc ? Très certainement, parce que chacune des deux parties en présence serait alors à la fois vendeur et acheteur. Ceci n'égaliserait pas forcément les informations, mais les différences cognitives seraient sûrement plus faibles. Qui plus est, la présence et l'utilisation de la monnaie permettent de différer « l'échange », c'est-à-dire d'opter momentanément pour la consommation ou pour la liquidité.

On doit à Jean Boncoeur et Hervé Thouément[36] l'extrait d'un article publié par Joan Robinson[37]et repris par la *Revue d'économie politique, 1977* sous le titre « Qu'est-ce que le capital ? ».

Il s'agit de la parabole du beurre, et le raisonnement de Joan Robinson était alors le suivant : On considère le beurre comme un bien consommable mais convertible en un stock de moyens de production. Le stock de beurre est

---

[36] J. Boncoeur/Hervé Thouément, Histoire des idées économiques, tome 2, Nathan (CIRCA, 1992

[37] J. Robinson, Review of Economic Studies, vol. 21, 1953-54

malléable et peut être transformé sans changement de quantité et sans coût.

Comme l'explique Joan Robinson, le modèle du beurre est la confirmation de la loi de Say ; il n'y a pas de place pour l'incertitude, tout investissement pouvant être changé instantanément en un autre.

La parabole souffre de toute évidence d'une base d'analyse solide, le défaut le plus important à souligner dans le cadre de cette étude étant l'hypothèse que les entreprises peuvent emprunter tout crédit qu'elles désirent, et qui plus est à un taux d'intérêt fixe. Une « entreprise d'équilibre » serait alors une entreprise dont les profits nets seraient exactement équivalents aux frais financiers.

Ainsi, le document élaboré par Joan Robinson conduit à la conclusion que l'absence d'une modélisation globale de l'économie, dépassant le socle vacillant de la microéconomie, infirme le postulat de la présence d'équilibres et l'absence d'incertitude. Cette dernière sera par la suite un des facteurs porteurs au cours de la deuxième et de la troisième partie de cette étude.

Si par ailleurs on peut entendre que la recherche de Jean-Baptiste Say était éloignée de toute considération idéologique, cette affirmation semble facile à battre en brèche. En effet, il s'avère nettement qu'il était un fervent défenseur de l'économie de l'offre, faisant du consommateur un agent docile et heureux d'acheter ce qui lui était proposé par le marché… ou plutôt « les marchés », pour rester fidèle au raisonnement de Say.

Le prétendu voile de la monnaie se transforme ainsi en un voile appelé à cacher la nature de la vie économique réelle.

Léon Walras : Régulationniste malgré lui ?

S'il est vrai que l'image du voile prive d'emblée la politique économique de son moyeu, et qu'il est de ce fait impossible d'imaginer et de construire des barrages contre des vagues spéculatives envahissantes, il s'avère que la configuration walrasienne ne s'y prête point davantage.

On insistera donc ici sur cette orientation, en laissant quelque peu dans l'ombre la paternité de l'auteur au plan de ses conceptions concernant le marginalisme.

Comment un équilibre général peut-il être trouvé ? Walras dit bien que les prix sont sensés varier librement. Or, pour que l'échange puisse avoir lieu, il faut une correspondance parfaite entre l'offre et la demande. Il faut donc fatalement avoir recours à l'image bien connue du commissaire-priseur qui donne le feu vert seulement en cas de situation d'équilibre sur tous les marchés.

L'équilibre par « tâtonnement » cher à Walras peut à la rigueur être imaginé sur des marchés individuels, donc partiels. Il devient fort problématique dans le contexte global, celui de l'équilibre général, où les interdépendances des différents marchés s'y opposent nécessairement.

Or, en poursuivant ce fil de raisonnement, les marchés hésitants pourraient fort bien être pris de court par un planificateur de style soviétique qui déciderait de l'ensemble des quotas à produire. Lorsque ceci n'est pas le cas, et qu'on « laisse donc faire les marchés », on n'est pas loin de la main invisible d'Adam Smith !

Le fait que le modèle walrasien n'introduit à aucun moment le capital comme facteur de production le place sur des bases encore plus incertaines. Et même si Walras ne se sert pas de l'image du voile de la monnaie telle qu'il la voit, elle n'est pas dynamique pour autant ; le capital passe d'une période à l'autre, sans égard pour le fait qu'il ne saurait s'agir du même capital.

Par ailleurs, la théorie de l'économie pure que Walras tente de développer est nettement plus éloignée de l'idéologie que ne furent les affirmations de Say. Effectivement, comme le souligne Jacques Sapir[38], l'adoption du positivisme, permet « le dégagement de toute pollution provenant du politique ». Cependant, comment une théorie économique quelle qu'elle soit, pourrait-elle avoir pour seul support le positivisme ?

Le positivisme de l'observation des faits a conduit Walras à l'affirmation d'un besoin de davantage de justice sociale et à la demande de la nationalisation des terres. A première vue, ses préoccupations paraissent éloignées de la toile de fond sur laquelle naissent les bulles financières, mais n'oublions pas que ne saurait spéculer que celui qui détient des disponibilités financières, ce qui n'est justement le cas que dans des communautés nationales à fortes inégalités de revenus et de richesses individuels.

Ainsi, le système walrasien reste enraciné dans des certitudes, il n'y a pas de place pour un traitement autre que positiviste. Et même si les équations sur lesquelles repose pour l'essentiel le système, sont justes, pourquoi seraient-elles nécessairement souhaitables du point de vue de l'économie dans son ensemble ?

Karl Marx et Max Weber : Entrée de la Monnaie, Sortie de l'Équilibre

Ce sujet a été exploité de façon abondante, et il ne s'agira pas ici de vouloir enrichir les recherches dans leur ensemble. Par contre, on soulignera les aspects les plus importants pour ce qui est des préoccupations actuelles : comment mettre à l'abri le monde de la finance de nou-

[38] J. Sapir, op.cit. p.53

veaux cataclysmes et protéger ainsi l'ensemble des économies nationales ?

Au premier plan se situe l'introduction de la monnaie au titre d'acteur, et qui plus est d'acteur catalyseur d'une interprétation globale de la vie économique réelle, telle qu'elle est vécue et telle qu'elle doit être entendue.

Il n'est en effet guère difficile de suivre ce raisonnement de l' « économie vécue », et il suffit de se rapporter à ce propos à l'article « Économie plurielle » du « Dictionnaire de l'Autre Économie »[39].

Marx comme Weber ont suivi cette ligne de pensée qui part du fait de l'identification moderne avec l'entreprise capitaliste. Même si Weber est moins explicite que Marx, le point de départ réside au plan de la propriété privée des moyens de production. Ainsi, les détenteurs des capitaux exigent un profit découlant de la mise à disposition de leurs moyens financiers.

La poursuite du raisonnement que Laville dégage essentiellement des écrits de Weber, se présente alors de la façon suivante : Le support de l'économie sera désormais la Société par Actions qui conduit à une forte concentration des capitaux sur la base de l'anonymat. Les détenteurs s'ignorent, il n'y a plus aucun contact personnel entre eux, le processus se déroule au niveau de la Bourse.

Comme le souligne J.-L. Laville, ceci permet également aux actionnaires de garder la liquidité de leurs moyens financiers. Il est certain que des investissements réels ne sauraient offrir cet avantage, puisqu'il s'agirait d'un engagement dépassant le très court terme. Donc, celui qui s'adresse à la Bourse ne procède pas à un investissement, mais simplement à un placement.

---

[39] Jean-Louis Laville, Dictionnaire de l'Autre Économie, Gallimard, folio actuel, 2006, pp 251-252.

Ainsi, la monnaie, qu'elle soit transformée en un titre de valeur ou gardée comme liquidité, représente bien davantage qu'un « droit » que le détenteur peut exercer. Comme l'expose Sapir en citant Weber[40], la monnaie est une arme entre les mains de ceux qui la détiennent.

Or, tout en reconnaissant la pertinence du discours, il semble permis d'ajouter que ce raisonnement peut finalement s'appliquer à n'importe quel droit, fut-ce de façon indirecte. Un exemple en est l'accès aux « Grandes Écoles » : tout le monde a droit à l'instruction dans les institutions d'enseignement de la République, mais celui dont la famille a « du bien », aura de meilleures chances grâce au soutien financier qui facilite l'insertion dans le moule du formatage intellectuel.

On constate que la barre de la balançoire penche fatalement d'un côté, l'équilibre est rompu par la reconnaissance de la monnaie comme acteur dans la vie économique. Ceci se passe souvent de façon assez subtile, la situation conflictuelle ne se révèle que très partiellement, ce qui pour Marx peut conduire jusqu'à l'aliénation.

La sociologie offre ici des considérations supplémentaires concernant le concept de la rationalité, comme le soulignent – entre autres – Marx et Weber à maintes reprises. Celui-ci sera traité sous différents angles de vision au cours de la Deuxième Partie de l'Étude, mais il convient de souligner dès maintenant que les agissements des sujets économiques n'obéissent que rarement à une rationalité au sens de l'intérêt personnel. Le vecteur de la sympathie ne saurait rester en dehors de l'évaluation des transactions, même si celles-ci sont dominées dans le monde moderne par des arguments financiers.

---

[40] Max Weber, Economy and Society : An Outline of Interpretative Sociology, Berkeley, University of California Press, 1948, p.108

Puisque Marx comme Weber accusent le monde moderne d'une absence d'équilibre global devenu visible grâce au vecteur qu'est la monnaie, il est indiqué de mettre en relief le fait que leurs raisonnements, en dépit de leurs concordances, passent par des chemins assez peu voisins.

La juxtaposition globale du monde « bourgeois-capitaliste »[41] entre Marx et Weber peut être résumée de la façon suivante, toujours devant la toile de fond des problèmes actuels dans le cadre de cette étude :

Pour Marx, l'interprétation se concentre sur l'auto-aliénation, un des piliers de l'ensemble de son œuvre et qui s'exprime le plus directement au plan du prolétariat. Ici, l'intérêt se dirige vers la réification de l'existence humaine en tant que telle, ce qui de nos jours peut faire penser à la manipulation des hommes pour qu'ils deviennent des sortes d'objets à la merci d'organisations et de groupements socio-économiques. Les hommes sont ainsi éloignés de la vie publique en tant qu'acteurs. Le fait que, malgré eux, ils ne sont plus que des individus privés fait d'eux des « bourgeois » au sens marxiste du terme.

Peut-on attribuer la perte du sens civique qui s'opère ainsi à l'esprit moutonnier si souvent décrié et qui est à la base de nombreuses bulles financières, dès l'apparition de la *Tulipomanie ?* Même si cette suggestion peut sembler hardie, l'image trouve ainsi une ancre.

Chez Weber, le monde « bourgeois-capitaliste » repose sur la rationalisation, sans doute moins dure à transposer de nos jours que l'auto-aliénation de Marx. Löwith résume le point de vue de Weber de la façon suivante :[42] « Gagner de l'argent pour assurer son niveau de vie est rationnel et intelligible. Mais la rationalisation du fait de gagner de

---

[41] Karl Löwith, Max Weber and Karl Marx, Verlag Kohlhammer, 1960, version en allemand désormais indisponible, traduction anglaise Routledge 1993

[42] Karl Löwith, op.cit. pp. 62-64, 79

l'argent pour lui-même, 'entendu comme une fin en soi', est spécifiquement irrationnelle ».

Contrairement à l'analyse économique de Marx, Weber n'entend pas le capitalisme comme un ensemble de relations entre les moyens de production ayant assumé une autonomie, conduisant à une interprétation purement idéologique. Pour lui, le capitalisme a pu devenir cette force menaçante parce qu'il est en tant que tel déjà issu d'un mode de vie rationnel. On trouve donc ici les bases d'un capitalisme financier ! D'après Weber, cette configuration est particulièrement caractéristique au plan de la bourgeoisie occidentale. Il est à remarquer que le terme de 'bourgeoisie' est utilisé essentiellement avec la même signification chez les deux auteurs.

On peut conclure d'une façon assez surprenante : toujours dans la ligne de Löwith, Marx a considéré que l'humanité n'était qu'au début de son évolution, alors que pour Weber le destin humain était désormais figé définitivement. Donc : Une rationalisation ouverte à l'espoir pour l'un, et une condamnation pour l'autre ?

Les secousses financières intervenues dans le monde moderne, doivent inciter non pas à lever les bras, mais à retrousser les manches. Marx optimiste… n'est-ce pas un comble ?

N'oublions pas que la vie de Weber est allée très au-delà de celle de Marx, même s'il serait assez aventureux de supposer chez lui une angoisse des temps à venir.

Pour renouer un instant avec le pot de fleurs cassé sur le trottoir de la rue de Tolbiac, la vision de Marx suggère que la casse pourrait se passer sans préjudice physique et/ou moral, et qu'il suffirait de faire le ménage sur le trottoir.

Dans le cas de Weber, l'issue semble moins heureuse, de sorte qu'on ne peut qu'espérer qu'il s'agisse d'un pot dans un matériau autre que la terre cuite, certaines substances malléables pouvant la remplacer à l'heure actuelle.

John Maynard Keynes, dans la mouvance de Frank H. Knight ?

Commençons par un avertissement : il ne saurait agir ici d'évaluer l'apport global des travaux de Keynes à la science économique et à la compréhension des mécanismes qui sont sensés gouverner la vie économique, que ce soit au niveau micro- ou macroéconomique. En effet, dans le cadre de cette étude, l'important est dans un premier temps d'essayer de savoir dans quelle mesure le poids de ce qui est probable et qui relève donc de l'anticipation, va peser sur le cap choisi, pour l'atteindre ou s'en écarter.

Ceci étant, une difficulté majeure surgit immédiatement : par définition, ce qui est probable n'est pas certain, mais cette vérité première est incomplète en ce sens que l'absence de certitude est en elle-même ambigüe et ne permet donc pas de se situer dans le vaste champ de la probabilité.

L'ouvrage « A Treatise on Probability »[43] examine en profondeur les liens avec la logique leibnizienne, les différentes méthodes de détermination de la probabilité, les définitions et axiomes, ainsi que la valeur prédictive des fréquences statistiques. Néanmoins le Chapitre XXVI ne constitue peut-être pas un pont, mais tout de même une passerelle, vers un traitement plus psychologique, pour ne pas dire plus « humain » de ce contexte ô combien complexe[44]. On verra par la suite quelle aura été l'évolution de la pensée keynésienne à cet égard, mais nous voyons ici un tout premier repère de ce qui reste en dehors du champ du calculable. C'est effectivement *la conduite* – celle du malencontreux pot de fleurs ou de l'instigateur de cette dérive – qui permet d'anticiper des considérations autres que de mesure.

[43] John Maynard Keynes, Cambridge, 1920

[44] Dtto., Chapitre XXVI, The Application of Probability to Conduct.

En 1920, l'ensemble de ces développements ne pouvait pas laisser indifférente la communauté scientifique ; Keynes compte en effet parmi les chercheurs déjà reconnus et respectés de leur vivant. Néanmoins, cet ouvrage n'avait qu'une année d'avance par rapport à celui de Frank H. Knight[45] qui d'une manière moins austère reprend la problématique de l'incertain pour la situer davantage dans le contexte de la conduite des affaires.

On peut d'ailleurs s'étonner en marge du fait que les deux chercheurs travaillant à Cambridge n'aient apparemment pas été en contact l'un avec l'autre, pour discuter du probable et de l'incertain. Dans *La Théorie Générale* Knight n'est cité qu'une fois, dans un renvoi en bas de page, et dans un contexte qui n'est pas spécifiquement celui qui est concerné ici[46].

Toujours est-il que l'ouvrage de Knight constitue une voie essentiellement nouvelle où dès le premier chapitre le risque prend la forme d'une possibilité connue, face à l'Incertitude véritable.

Or, pour ne pas perdre le fil de la Première Partie de cette étude, c'est-à-dire la problématique de l'équilibre, une citation s'impose : « *L'existence d'un problème de connaissance dépend d'un futur différent du passé, alors que la possibilité de la solution du problème dépend d'un futur étant conforme au passé* »[47].

Le problème étant, selon Knight, que nous ne saisissons pas parfaitement le présent tel qu'il est, et que nous n'en déduisons pas de façon fiable le futur à venir. S'il en est

---

[45] Frank H. Knight, Risk, Uncertainty and Profit, Iowa, Janvier 1921, Édition 2009 signalman Publishing

[46] John Maynard Keynes, La Théorie Générale de l'Emploi, de l'Intérêt et de la Monnaie, Cambridge 1936, p. 176 de l'édition anglaise MacMillan, 1961

[47] F.H. Knight, op. cit. p. 167 Édition 2009 Signalman Publishing ; citation traduite par l'auteur de cette Étude.

ainsi, si donc notre connaissance n'est que partielle, nous sortons du domaine du mesurable, ce qui signifie l'incertitude véritable qui se soustrait à toute évaluation autre qu'intuitive.

Ainsi, ce qui est insaisissable ne saurait être équilibré, puisque l'équilibre doit pouvoir s'appuyer sur des repères dont l'absence nous place sur un terrain fatalement mouvant.

Nous sortons de la similitude entre futur et passé, pour nous engager dans l'incertain qui offre des perspectives plus ou moins souriantes au plan macroéconomique, et des dangers non perçus et donc impossibles à maîtriser. Pour formuler ce propos autrement, toute mesure se perd lorsqu'intervient un jugement personnel tributaire de « l'intuition » qui ne saurait reposer sur un raisonnement logique, et ce quelle que soit la nature intellectuelle de cette logique.

C'est ici que nous pouvons voir le lien entre l'interprétation de Knight et celle de Keynes, du « deuxième » Keynes, celui qui ne reste plus fermement attaché à des considérations fort complexes et tributaires de fonctions de mesure relevant d'une logique toute mathématique, mais désormais celui qui admet d'autres variables présentées avec un cynisme frappant.

Ce faisant, il faut garder présent à l'esprit le fait que la *Théorie Générale* est très postérieure à la *Treatise on Probability*, de sorte que les constatations faites à la lecture de l'ouvrage de 1936 montrent que *'non seulement les variables de la connaissance, mais aussi les paramètres à l'intérieur desquels surgit la pensée, subissent des déplacements majeurs imprévisibles. Le crépuscule de la probabilité vire à la nuit profonde'*[48].

[48] Athol Fitzgibbons, Keynes's Vision, Oxford University Press, 1988, citation p. 77. traduite par l'auteur de cette Étude.

Cette évolution de la pensée keynésienne qui prend de plus en plus ses distances par rapport à la probabilité, est encore plus nette dans le cadre de son article de 1937 dans le *Quarterly Journal of Economics*[49], où on peut lire que « nous ne savons tout simplement pas ». Il s'agit donc d'avancer à tâtons, l'image évoquant la problématique de la symétrie, bien que l'image aille ici dans une autre direction.

Or, c'est surtout dans le contexte de la monnaie que l'article de 1937 où Keynes met en relief de façon admirablement convaincante que le désir de garder de la monnaie envers soi, témoigne de façon irréfutable de notre méfiance devant cette réserve de richesse stérile au premier degré… mais justement, au premier degré seulement. Méfiance par rapport au calcul, et donc méfiance à l'égard du calcul des probabilités. On sort alors du contexte des conventions, pour les délaisser au profit de sentiments plus incertains mais impossibles à écarter.

Avant d'enchaîner avec certaines constatations à première vue surprenantes et concernant l'opposant en apparence le plus profilé de Keynes, il convient de souligner si besoin était que deux acteurs ont enfin trouvé chez lui des rôles de protagonistes : la monnaie et le temps.

La monnaie pénètre la vie au plan micro- et macroéconomique, et elle ne se range pas sagement dans un cadre retrouvant toujours un équilibre « naturel ». Elle doit au contraire être « gérée », et le contexte qui est le nôtre actuellement témoigne des difficultés de cette gestion, en Europe et ailleurs.

Le temps keynésien est certes essentiellement celui du court terme, mais étant donné la problématique de l'époque de la grande crise, il n'était guère envisageable

---

[49] Source : Keynes J.M. « La théorie générale de l'emploi », trad. Française Grossman J. /Diatkin D. dans Histoire des idées économiques, t. 2, Jean Boncoeur/Hervé Thouément, Nathan-CIRCA 2000, p. 144.

de regarder vers un futur plus ou moins lointain. L'essentiel est l'absence de toute simultanéité qui nous ramènerait une fois de plus vers un équilibre factice.

Pour reprendre l'image du pot de fleurs : il aura d'abord fallu que le support se casse, pour que l'incident – heureusement non suivi d'un accident – puisse survenir. De sorte que, quelle que soit l'extension de la temporalité, cette dernière ne sera jamais absente. Sachant que l'hypothèse de l'accident aurait fait appel au deuxième pilier trop longtemps négligé : celui de la monnaie.

Friedrich von Hayek : Aurait-il « trahi » l'économie néo-classique ?

Avant d'essayer de répondre à cette question, un bref rappel semble indiqué. En effet, la théorie néo-classique compte trois branches essentielles : L'École de Lausanne à orientation mathématique avec Walras, Pareto et ultérieurement Hicks, Arrow, Debreu, Allais, ensuite l'École de Cambridge avec Marshall et Pigou et dont Keynes était issu pour se tourner ensuite contre elle, et en troisième lieu l'École de Vienne avec von Wieser, von Böhm-Bawerk, puis von Mises et von Hayek. Cette dernière s'écarte de toute vision mathématique et comporte par ailleurs des orientations très diversifiées.

Or, dans le cadre de l'examen du concept d'équilibre, ce sont les développements présentés par Friedrich von Hayek qui paraissent particulièrement intéressants, sinon atypiques sous l'angle néo-classique.

Malheureusement, Keynes a disparu trop tôt pour vivre la satisfaction de voir ses idées s'imposer à la politique économique, et non seulement dans l'Europe de l'après-guerre, en dépit du fait qu'un autre Plan que le sien, le plan White en occurrence, avait été adopté sur un plan global lors des Accords de Bretton Woods.

Toujours est-il qu'encore du vivant de Keynes, un rapprochement s'est manifestement produit entre les deux chercheurs au plan de l'incertitude. En effet, l'article de Keynes faisant suite à la *Théorie Générale* fut publié la même année que l'article de Hayek *Economics and Knowledge*[50], en 1937.

Pour Keynes, l'incertitude des connaissances de la part des sujets économiques, forcément microéconomique au départ, se traduit par celle des prévisions dans le contexte des entreprises d'abord, et dans celui de la macroéconomie par la suite.

Sans trop s'avancer, on peut estimer que Hayek va abandonner progressivement et à partir de 1937, la notion d'équilibre comme base du contexte économique. Une fois la connaissance effacée comme principe gouvernant l'ensemble des actions, la situation devient dans son ensemble progressivement instable, ce qui semble avoir préoccupé – pour ne pas dire désolé – Hayek. Il s'est néanmoins voulu décidément libéral tout le long de sa vie d'économiste, en fermant apparemment les yeux devant l'impossibilité d'un monde autre que celui qui avait été le sien pendant les années 1920. En effet, équilibre et incertitude non probabilisable ne sauraient faire bon ménage, ce qu'il admit finalement à reculons.

Pour Keynes, la démarche intellectuelle était à la fois plus radicale et plus consciente. Son propos était au départ de démolir la théorie de l'équilibre général pour la remplacer par une construction à la fois plus réaliste et plus prometteuse quant aux objectifs visés. Or, lui aussi a parcouru un chemin remarquable qui l'a éloigné de la vision probabilistique de la *Treatise en Money,* pour le mener du

---

[50] F.A. Hayek, Economics and Knowledge, Economica IV, pp. 33 – 54, 1937, Reprint of Presidential Address, London, Economics Club, 10 nov. 1936

mesurable vers le non mesurable qui sous-tend, au moins en partie, les développements de la *Théorie Générale*.

Le revirement des politiques économiques des États consécutivement à la 'Révolution keynésienne' est connu et continue de nous accompagner jusqu'à ce jour, sous des formes à peine diverses.

Il sera néanmoins nécessaire d'ouvrir l'éventail de la recherche post-keynésienne et – si on peut l'appeler ainsi – post-néo-classique, ne serait-ce que pour démontrer que l'équilibre général n'a guère été réduit à l'état de fantôme.

3. L'équilibre aux pieds d'argile

Avant de poursuivre avec des interprétations d'auteurs, pour l'essentiel de l'après-guerre, en matière de théorie de l'équilibre, il peut être indiqué de souligner de nouveau l'objectif de la recherche présente : il s'agit de savoir si les crises vécues au plan de la finance et de l'économie en général, peuvent être considérées comme de « simples » accidents de parcours ou les annonces de bifurcations contre lesquels il faut se protéger le mieux possible.

S'il en était ainsi, les mesures actuellement préconisées dans le cadre des Accords de Bâle III, sembleraient appropriées, au titre d'un relèvement substantiel des fonds propres exigés des banques. Ceci équivaudrait alors – pour retrouver l'image du pot de fleurs – à la nécessité de renforcer les fixations sur le rebord de la fenêtre.

Cependant, qu'en est-il si on écarte l'hypothèse d'une perturbation momentanée de l'équilibre et avec elle la certitude du retour à l'image de la balance dont les deux côtés accuseront le même poids ? La question sera approfondie dans les Parties suivantes de l'Étude ; ici, on visera la problématique de l'équilibre général dans le contexte du fonctionnement de l'économie de marché dans son ensemble.

Ceci étant, un équilibre manifestement perturbé ou rompu conduit à l'interprétation du concept d'équilibre en tant que tel.

En effet, l'idée d'équilibre se situe devant une toile de fond défensive. S'il en était autrement, nous n'aurions pas assisté à l'élaboration de ce concept primordial en économie depuis des siècles, accompagnée des justifications les plus diverses dont certaines seront commentées par la suite.

Il peut sembler prétentieux de vouloir placer même « la main invisible » dans ce contexte. Une main n'est pas toujours facile à saisir, surtout quand elle est invisible. Ou alors… ne chercherait-on pas ce qui n'existe pas ? On peut ainsi se demander si Adam Smith n'aura pas créé cette image devenue le symbole le plus frappant de l'histoire de la pensée économique, dans un instant de désarroi.

On peut poser la question de savoir si une menace permanente – ici celle d'une rupture – permet seulement de vouloir maintenir, ou sauvegarder, une construction reposant sur des bases aussi fragiles.

Qui plus est, un retour à l'équilibre à la suite d'une rupture conduit nécessairement à la question de savoir de quel équilibre il s'agira : celui en présence avant la rupture, ou un équilibre différent ? Dans ce dernier cas, nous devrons affronter un équilibre qui ne sera pas unique. Il faudra alors connaître la configuration de l'équilibre avant le choc, c'est-à-dire les processus qui avaient préalablement conduit à la formation des prix et à la détermination des volumes négociés.

Intervient ici un autre aspect trop souvent négligé, celui de l'interdépendance des processus entre eux. Il en sera question dans la Seconde Partie de cette Étude où on évoquera l'image du mouvement brownien[51] qui a été assez

[51] Découverte du mouvement brownien par le botaniste Robert Brown en 1827, description des chemins aléatoires parcourus par des molécules.

largement abandonné par les recherches de l'économie comportementale.

En attendant, et toujours à la recherche de l'état « naturel » assimilable à l'équilibre, trois chercheurs doivent figurer, dont les deux premiers paraissent trop facilement convergents, à savoir Debreu et Arrow, alors que le troisième accuse clairement une orientation différente et souvent insuffisamment mise en relief.

Les incertitudes du Théorème 'Arrow-Debreu'

En effet, les incertitudes du Théorème 'Arrow-Debreu' reposent sur des conditions fort restrictives surtout mises en avant par Gérard Debreu. Il insiste notamment sur la convexité des préférences, c'est-à-dire la décroissance du taux marginal de substitution signifiant l'utilité marginale décroissante. Dans ce contexte, il se sert d'une méthode topologique plutôt que du calcul d'équations.

Ses recherches sont éminemment abstraites et témoignent de son orientation de mathématiques pures plutôt que de recherches en économie, à tel enseigne que Maurice Allais (dont les travaux seront évoqués par la suite), a osé dire que « La construction de Debreu n'a aucune valeur scientifique, tant elle est totalement étrangère au monde de l'expérience »[52].

Or, tout ce que nous savons au sujet de Kenneth Joseph Arrow, né en 1921, désigne un personnage certes du plus haut niveau scientifique, mais très éloigné de l'austérité de la démarche de Debreu.

Ce qui n'a pas empêché la publication sous leurs deux noms de l'ouvrage *« Existence of an Equilibrium for a*

---

[52] Maurice Allais, Discours prononcé à l'occasion du prix de la Banque de Suède en sciences économiques en mémoire d'Alfred Nobel, reçu en 1988.

Competitive Economy »[53]. Il semble donc que leurs travaux aient emprunté des chemins différents par la suite.

On constate généralement une orientation nettement plus macroéconomique chez Arrow que chez Debreu. Il souligne l'interdépendance des demandeurs comme des offreurs. Ainsi, son '*General Impossibility Theorem'* dérivé de sa thèse 'A Difficulty in the Concept of Social Welfare ' (1950) qui énumère nombre de conditions qui ne sauraient être satisfaites en même temps, peut tout de même être résumé en disant que le passage des préférences individuelles aux préférences sociales devrait reposer sur des choix imposés.

On constate ainsi une certaine orientation « de gauche » chez Arrow qui rappelle son attachement au socialisme pendant sa jeunesse, du temps de la Grande Dépression.

Dans un deuxième temps, il s'agit d'« un coup porté » à l'hypothèse de la convexité des préférences, bien que ce ne soit pas le seul, comme on le verra ci-après.

Par ailleurs, on ne saurait passer sous silence la mise en question, guère subtile, du modèle d'équilibre par l'auteur, dès 1963, et ayant trait à des marchés fonctionnant sur la base d'une évidente asymétrie d'information[54].

Dans ces conditions, on parlera presque à regret du « Modèle Arrow-Debreu » !

Ceci étant, il convient de résumer les hypothèses de base du modèle, ne serait-ce que pour mettre en question leurs validités respectives.

- *La convexité des préférences* : deux considérations peuvent être opposées directement à cette hypothèse, du fait que :

---

[53] Economica, 1954

[54] K.J. Arrow, Uncertainty and the Welfare Economics of Medical Care, American Economic Review, 1963

  - 1) dans des espaces économiques élargis tels que l'Union Européenne, les préférences sont nécessairement si hétérogènes que toute égalisation macroéconomique au sens d'une convexité parait exclue ;
  - 2) l'évolution de l'offre est devenue si rapide, non seulement au plan des produits informatiques, que toute stabilité de l'utilité marginale devient impossible ;
- *La concurrence parfaite :* son absence est à tel point dominante que seules certaines niches d'offreurs réussissent à tenir tête à des oligopoles qui savent échapper le plus souvent à l'emprise de la loi.
- *L'indépendance de la demande :* cette hypothèse est quelque peu plus délicate. En effet, dans une démocratie le consommateur a le libre choix des marchandises. Néanmoins, la publicité constitue un outil si puissant que la composante psychologique ne saurait être négligée. En outre, l'éventail des produits est constitué en vue de l'obtention de marges maximales, la satisfaction du consommateur passant au second plan, sans que celui-ci dispose toujours d'une alternative.

Partant de cette mise au point, il faut concéder au modèle Arrow-Debreu qu'il définit précisément la nature d'un bien, suivant l'horizon temporel et l'endroit de livraison. Il existe donc un marché pour tous les biens, et à tout moment, quels que soient la période ou l'endroit.

Transposé au plan financier, ceci signifie qu'un titre rapportera un certain prix, appelé « prix d'état » lorsque l'évolution est certaine, mais rien dans le cas contraire. De sorte qu'un titre de base (« underlying ») tel qu'une option dont l'évolution est incertaine en termes de valeur, sera souvent accompagné d'un contrat de dérivés décomposé sous une forme linéaire pour assurer la couverture du « underlying ».

Ce dernier commentaire peut conduire à l'évocation d'un phénomène relevant en apparence d'une bizarrerie sinon d'une opposition logique : Sous le titre '*Why does Wallstreet like the equilibrium model ?* ', J. Doyne Farmer et John Geanakoplos[55] exposent les différentes raisons pour lesquelles les Traders procèdent d'une manière fort semblable en pratique, aux hypothèses simplificatrices sinon erronées qui sous-tendent le modèle Arrow-Debreu.

---

[55] In : The Virtues and Vices of Equilibrium and the Future of Financial Economics, 2008 Wiley Periodicals, Inc., Vol. 14, no.3, pp. 18-19

4. La Bourse et le modèle d'équilibre

Les constatations suivantes pourront servir à l'éclairage de cette apparente juxtaposition.

Il s'avère en effet que les agents boursiers ont recours au modèle d'équilibre général, de différentes façons. Les trois composantes suivantes retracent leurs comportements.

La prévision conditionnelle

Les *traders* ignorent les prix boursiers à venir, mais ils peuvent les attribuer à l'état de la conjoncture qui peut être représenté par un arbre d'états possibles. S'il est vrai que la plupart des arbitrageurs procèdent à des arbitrages risqués, il est alors important pour eux de connaître les probabilités des branches de l'arbre. Il est vrai aussi que le *trader* peut sous-estimer les probabilités de perte, mais il dispose tout de même ainsi de différents scénarios du modèle et pourra faire varier les probabilités de ceux-ci. On parle alors d'une prévision conditionnelle qui permet d'évaluer la dépendance des profits en fonction des probabilités de ces différents scénarios.

L'importance de l'hypothèse du « risque neutre » (« no arbitrage »)

Précisons d'abord que cette hypothèse possède l'avantage incontestable de simplifier singulièrement le processus d'appréciation de la situation sur les marchés financiers, du fait que le nombre d' « états » se trouve fort réduit. Ceci signifie, par exemple, que le *trader* suppose l'absence d'arbitrage par rapport à des titres portant sur des taux d'intérêt pour des échéances étalées dans le temps.

On peut rendre cette situation plus complexe, mais il reste l'idée de base suivant laquelle il serait impossible d'*acheter* un titre à bas prix et de le *revendre* simultanément à un prix plus élevé. En des termes plus généraux, ceci suppose que les marchés éliminent toute opportunité de réaliser un profit sans risque.

Il est alors aisé d'opposer à cette hypothèse, la supposition que les décideurs se rendent compte du prix pouvant donner lieu à des arbitrages, et exercent les pressions requises pour que des ajustements se fassent[56].

On peut ajouter que ce comportement exige également l'absence d'une stratégie dominante, ce qui parait pour le moins incertain.

Le raisonnement autour de l'arbre garde son importance : le *trader* estime que les états possibles à venir sont limités en nombre et que l'appréciation des probabilités semble être fiable.

Même si cette façon de procéder peut paraître excessivement réductrice, elle est considérée comme courante dans les milieux concernés.

[56] B. Köszegi et K. Madarasz, M. Matolesi, A Failure of the No-Arbitrage Principle, Berkeley University and Rényi Institute of Mathamatics, Budapest, juillet 2007

La réduction du risque

Ici encore, l'image de l'arbre utilisée pour définir l'équilibre servira à illustrer le propos. Au sujet de la couverture du risque (*hedging)*, il faut préciser qu'il concerne la réduction d'un risque financier spécifique. En vue de la couverture du risque visé, on crée un portefeuille en supposant qu'il se comportera de façon neutre par rapport au marché dans son ensemble. En conséquence, on pourra vendre le portefeuille sans porter atteinte au titre dont il s'est agi de couvrir le risque.

La position du portefeuille sera restée neutre par rapport au marché et aura donc obéi au concept d'équilibre. De toute évidence, ceci nécessite la détermination d'un certain nombre de scénarios du marché global, dont la pertinence ne saura jamais évincer le doute.

Certes, tout modèle est une simplification, et donc une réduction, de la réalité. Néanmoins, concernant le comportement des agents boursiers, la simplification portant sur les branches de l'arbre paraît ici si forte qu'elle perd toute crédibilité. Rappelons à ce sujet plus particulièrement le fait relevant à la fois de la logique et des données empiriques, qu'éviter une perte à court terme est plus coûteux que d'éviter une perte à plus long terme. De sorte que cette dernière constatation ne pourra qu'affaiblir davantage le modèle sous-jacent de l'équilibre général.

En ce qui concerne le comportement des agents en Bourse et souvent représentants de *hedge funds,* force est de reconnaître que la confiance qu'ils cherchent à engendrer en fonction de calculs probabilistiques constitue certainement le problème essentiel, qui dépasse le contexte financier et économique en général.

Au moment où ces lignes sont couchées sur le papier, le problème de confiance posé par l'Euro révèle une fois de plus le poids qui est le sien dans le contexte des pourparlers à la fois financiers, économiques et politiques. En effet, comment faire pour que le pot de fleurs posé sur le rebord de la fenêtre athénienne ne finisse pas par s'éclater sur le trottoir bordant la route européenne ?

En poursuivant le trouble jeté sur les bases du modèle, le contexte est propice pour enchaîner avec les recherches de Maurice Allais, prix Nobel 1988 et trop longtemps à l'arrière-plan des milieux scientifiques ainsi que des médias.

5. Un pas décisif vers la sortie de l'équilibre général… avec la monnaie en embuscade

Il a déjà été fait allusion au peu d'estime dont bénéficiait Maurice Allais, récompensé pour ses travaux par le « Prix de Sciences Économiques » » en 1988, alors que les mathématiques envahissaient toujours davantage la science économique. Ceci peut conduire, aux dires de Jacques Sapir[57], à une construction ressemblant à la 'forteresse vide' des autistes.

Maurice Allais dit même que « Les mathématiques ne sont qu'un moyen de transformation ; seule compte en fait la discussion des prémisses et des résultats »[58].

Tout le long de ses recherches, l'auteur oppose la valeur monétaire (ou utilité cardinale) à la valeur psychologique (ou utilité subjective). Or, si ces considérations peuvent à première vue sembler quelque peu éloignées de l'orientation de cette Étude, l'article publié dans *Econometrica*[59] souligne déjà l'importance de la présence des aspects psychologiques en matière de théorie du risque.

---

[57] J. Sapir, op.cit., p. 20

[58] M. Allais, Traité d'Economie Pure, 2d édition, Imprimerie Nationale de Paris, 1953, Introduction.

[59] M. Allais, Econometrica, vol. 21, no. 4, oct. 1953, pp. 503 – 546, Le comportement de l'homme rationnel devant les Risques : Critique des postulats et axiomes de l'Ecole Américaine. Citations conjointes p. 522

La citation suivante éclaire parfaitement la pensée de l'auteur et écarte ainsi l'idée d'un comportement rationnel qui suivrait le principe de Bernoulli :

« *Certaines personnes qui ont confiance en leur étoile sous-estiment la probabilité des évènements qui leur sont défavorables et surestiment la probabilité des évènements qui leur sont favorables. C'est l'inverse pour les personnes qui s'estiment poursuivies par la malchance. Il y a ainsi une déformation subjective des probabilités objectives.* »

Il pensait même que « *la probabilité objective d'un évènement doit être entendue comme une grandeur dont la fréquence observée de cet évènement est la mesure expérimentale* ».

Ce qui précède fait penser aux protagonistes de certains *hedge funds* mettant en avant les rangs respectifs de leurs rentabilités annuelles, en vue de susciter la confiance des détenteurs de portefeuilles à la recherche de placements. Surgit alors l'image de la solidité relative des Fonds concernés, qui évoque non seulement le temps, mais également l'environnement. La survie du pot de fleurs deviendra problématique si son support a été pendant trop longtemps victime d'intempéries…

Pour revenir sur l'orientation de Maurice Allais, il faut bien admettre qu'il est très difficile d'attribuer ses recherches à un courant plus ou moins précis en matière de science économique. L'originalité de ses écrits fut longtemps méconnue ; peut-il pourtant être appelé un précurseur de Daniel Kahneman et Amos Tversky, les fondateurs de la science économique comportementale ?[60] C'est en effet l'observation des marchés financiers qui l'a conduit vers cette voie de leur évaluation.

---

[60] Commentaire de John Kay, Financial Times, 25 août2010, p.9

Néanmoins, nous ne pensons pas pouvoir affirmer cette « filiation », du fait qu'Allais reste attaché à une interprétation objective de la probabilité. On peut y voir une bifurcation, pour ne pas dire une rupture, au cours des années, qui aurait conduit l'auteur du concept d'une probabilité objective et mesurable, vers une objectivité également objective mais désormais non mesurable. Partant de ce constat, le passage vers la subjectivité au sens de Kahneman et Tversky reste hasardeux.

Nonobstant cette convergence en pointillé, l'auteur fut souvent désigné de « libéral hétérodoxe ». Il est vrai que sa reformulation de la théorie quantitative de la monnaie, parallèlement dans le temps à celle de Milton Friedman, a fait qu'il fut aussi appelé un « monétariste libéral ».

Or, pour mieux comprendre le cheminement de ses recherches, il faut être conscient du fait que Maurice Alias fut de formation ingénieur, débutant en économie comme autodidacte. Bien plus tard, à l'occasion de son discours devant l'Académie des Sciences de Suède, lorsque lui fut décerné le Prix de Sciences Economiques en 1988, il remarqua qu'il avait pris conscience pendant la Dépression des années 30 et à la lumière des troubles sociaux en France dans la mouvance des élections générales de 1936[61], de la nécessité d'une politique économique à même d'opérer une utilisation des ressources et une répartition des revenus en conformité avec l'orientation politique.

Ainsi, Maurice Allais abandonne progressivement toute idée d'une régulation automatique des marchés au sens large, en se rapprochant à cet égard de l'orientation keynésienne, nonobstant le fait que la pensée keynésienne évoque toujours une probabilité objective, bien que souvent non mesurable. Peut-être – qu'une telle réflexion

---

[61] Alternatives Economiques no 252, novembre 2006

nous soit permise – un rapprochement aurait-il pu avoir lieu si Keynes n'avait pas disparu prématurément.

Néanmoins, et contrairement à Keynes, Allais favorisait clairement une forte imbrication de l'Etat dans la vie économique, au service de l'efficacité sociale.

L'article[62] fait mention du dédain de l'auteur pour le manque de réalisme du courant néo-classique qu'il qualifie de « *nouveau totalitarisme scolastique* ». En conséquence, et à partir des années 60, il se détourne de l'analyse de l'équilibre général basée sur le modèle walrasien, pour se pencher sur les marchés réels tels que les présente l'observation. On peut aller jusqu'à trouver ici une confirmation de l'interprétation de la probabilité telle qu'elle avait évolué chez Allais au fil du temps.

Il ne saurait être question, dans le contexte présent, de vouloir tracer un profil plus complet de cet auteur trop longtemps négligé du fait de ses écrits parus uniquement en langue française. En effet, dans cette Première Partie, il convient de relever les marques d'un esprit disposé à venir à bout des scories des travaux ayant négligé le besoin de l'économie d'être guidée plutôt que de poursuivre le chemin du laissez-faire.

Il nous semble important de signaler à ce propos qu'il ne s'agissait pas, pour Maurice Allais, de construire des garde-fous propices à prévenir d'autres crises financières, à l'image de celle qui avait sévi au cours des années 30. S'il serait sans doute inopportun de vouloir voir en lui un précurseur de l'École de la Régulation, il faut reconnaître que les questions posées par lui et les recommandations émises, continuent de préoccuper les gestionnaires macroéconomiques, nationaux et internationaux.

Dans la Troisième Partie de l'Étude, il sera procédé à l'évocation détaillée des questions telles qu'elles se posent

---

[62] Cf. note 52

aujourd'hui dans le contexte européen et mondial. En attendant, on jettera un regard sur une autre grande figure de la science économique, à peine plus univoque.

Joseph Schumpeter... de la difficulté d'être entrepreneur

On pourrait douter de la place de Joseph Schumpeter dans ce relevé volontairement éclectique, d'auteurs se détournant du modèle de l'équilibre général. Il est resté en effet admiratif devant l'analyse walrasienne, mais l'originalité de ses travaux l'éloigne indiscutablement du contexte néo-classique. Ajoutons en marge qu'il ne se rallie pas davantage au modèle de la planification soviétique. En tant que fondateur de l'école de l'évolutionnisme économique, il est généralement classé parmi les économistes « hétérodoxes ».

En effet, le leitmotiv de J. Schumpeter est la 'destruction créatrice', ce qui exclut aussitôt toute idée d'un retour vers une situation passée, et quel que soit le niveau d'évolution qu'on veuille affecter à une telle configuration virtuelle.

La destruction créatrice est forcément hétérogène, du fait qu'elle émane des entrepreneurs dont chacun porte en lui sa subjectivité. Dans son ouvrage édité en 1911[63], le propos n'est pas encore empreint du pessimisme qui va surgir par la suite, tout en s'affranchissant déjà nettement du carcan néo-classique.

On est tenté néanmoins de poser la question de savoir comment ce subjectivisme des affaires a pu conduire l'auteur par la suite à la construction intellectuelle d'un capitalisme unitaire, même flamboyant. Sûrement aura-t-il

---

[63] Théorie de l'évolution économique, 1911

été guidé vers le chemin qui allait devenir le sien, entre autres, par la pensée de Max Weber déjà évoquée.

Ainsi, en vue de la mise en question des bases mêmes du modèle de l'équilibre général, il faudra attendre la publication de l'ouvrage *Capitalisme, Socialisme et Démocratie*[64], pour visualiser le chemin parcouru par l'auteur en l'espace d'une trentaine d'années.

Son pessimisme de plus en plus profilé n'est alors pas sans rappeler les écrits de Marx : si Schumpeter prédit l'effondrement de nombreuses branches de l'économie, on pense à la vision marxiste peu différente de l'expropriation des expropriateurs et du chômage massif, et ce d'autant plus que Schumpeter aussi redoute ce dernier.

Considéré comme l'une des plus grandes figures de la pensée économique du XXe siècle, on est tenté de se demander pourquoi les recherches de Schumpeter n'ont finalement en rien découragé l'orientation libérale et capitaliste du monde occidental. Est-ce que les faits ont pu s'y opposer ?

Or, même au cours des Trente Glorieuses il fut difficile voire impossible d'entrevoir une continuation sans l'emballement déjà prévisible avant l'éclatement des deux crises pétrolières, en 1974/75 et 1978.

On a ainsi le sentiment que Joseph Schumpeter a certes été assez vite reconnu comme un esprit brillant, mais dont les idées étaient considérées comme des mises en garde plutôt que des avertissements prémonitoires.

Nous verrons de quelle manière d'autres économistes de notre temps ont tenté de faire reculer la chimère captive de la théorie de l'équilibre général.

---

[64] Capitalisme, Socialisme et Démocratie, 1942, éd. Payot 1990

Nicholas Kaldor : Le rôle secondaire des prix opposé au modèle walrasien

Pour les besoins de cette Étude, le dernier ouvrage de Nicholas Kaldor est sans doute le plus révélateur de sa pensée[65]. La citation suivante résume son point de vue :

« ...it is precisely (the) over-emphasis on the role of the price system that I regard as the major shortcoming of modern neoclassical economics, particularly the Walrasian version of it » (cit. p. 13).

En effet, la théorie de l'équilibre suppose que les prix sont l'acteur principal qui assure l'équilibre entre l'offre et la demande. Or, Kaldor affirme que c'est plutôt la gestion des stocks et de la production qui jouent le rôle central pour l'entreprise, et que par ailleurs la production s'adapte à la demande. Ceci marque son opposition par rapport à la théorie de l'offre qui s'efforce encore aujourd'hui de jouer un rôle dominant au plan de la politique macroéconomique.

Il parait par ailleurs aisé de contrecarrer le rôle déterminant de l'offre, en invoquant – comme le fait Kaldor – l'existence de surcapacités en présence dans de nombreuses branches industrielles. En effet, et en dépit d'une politique sociale pour l'entreprise, que les forces politiques d'autres pays rejettent ou nous envient, on a l'impression que la gestion du facteur travail reste plus souple que celle du facteur capital.

A ce sujet, Kaldor observe une attitude qu'on peut qualifier de relativement « neutre ».Dans le contexte du marché des facteurs, il affirme que le plein emploi lui semble impossible dans le monde réel. Il y aura toujours des goulots d'étranglement qui empêcheront une absorption effective de l'ensemble de la main-d'œuvre

[65] N. Kaldor, Economics without equilibrium (M.E. Sharp, Armonk, New York, 1985

disponible, ne serait-ce qu'en vertu d'un manque d'adaptation de celle-ci aux opportunités d'emploi offertes. Or, s'il parait abusif de vouloir établir un lien entre ce commentaire et la situation présente de l'emploi en France, force est de reconnaître que l'argument pèse d'un certain poids.

Nonobstant, même dans un contexte où le rôle de la demande est essentiel, Kaldor estime que les prix sont majoritairement déterminés par les coûts de production, et que donc l'influence de la demande au plan des prix se trouve très exagérée par la théorie néoclassique (p. 31).

Il affirme par ailleurs que la théorie de l'équilibre général n'est pas à écarter dans son intégralité et *a priori*, mais que les conditions sont si restrictives qu'elles nous éloignent de toute perspective réaliste, par le passé déjà et plus encore aujourd'hui.

« In actual adjustment of supply and demand, prices play only a very subordinate role, if any » (p. 25).

L'auteur examine également la problématique de l'équilibre dans le contexte international, en soulignant qu'un des manquements de la théorie walrasienne réside dans l'hypothèse de rendements d'échelle constants. En effet, les rendements croissants sont présents dans de nombreuses branches industrielles, bien qu'il faille concéder à Walras que ce fait était visible de façon moins convaincante du temps de ses recherches.

La problématique de l'équilibre dans un contexte de croissance fera l'objet du commentaire suivant qui porte sur des travaux d'une actualité particulière.

Le modèle de Harrod-Domar : Un raisonnement qui invite in fine à une poursuite aujourd'hui

Il convient d'abord de signaler que ce titre, très généralement retenu, est une simplification quelque peu abusive. Mentionnons à cet égard les deux ouvrages de base : Alors que Roy Forbes Harrod a publié en 1948 son ouvrage *Towards a dynamic economics*, Eysey Domar pouvait être lu en 1947 dans l'American Economic Review avec son article *Expansion and Employment.*

Par la suite, Domar s'est détourné de son orientation première pour rejoindre la modélisation néoclassique en mettant l'accent sur le court terme, alors que Harrod, le plus « fidèle » des post-keynésiens, s'est employé à suivre le fil du temps tout en restant fidèle à la pensée du maître.

Ainsi, il s'agit à proprement parler du modèle de Harrod qui peut en effet fournir de nouveaux repères concernant la problématique de l'équilibre général.

Il faut souligner un mérite essentiel de ce modèle, qui réside dans sa précision. Les trois configurations sont bien connues :

- le taux de croissance garanti qui établit un équilibre de longue période sur le marché des biens, avec l'égalité de l'épargne et de l'investissement,
- le taux de croissance réalisé et donc effectif de l'économie, et
- le taux de croissance de la population active supposé exogène.

À partir d'ici, le doute de l'auteur est clairement visible, pour ce qui est d'un équilibre stable de longue période. En effet, pourquoi le taux de croissance garanti serait-il égal à s/k (propension à épargner/coefficient de capital) ? Ceci est une hypothèse qui néglige gravement les structures de l'économie concernée.

Ce dernier propos peut par ailleurs être appliqué à la situation de l'économie française à l'heure actuelle, dans la mesure où une épargne forte (épargne de précaution) est accompagnée au dénominateur d'un coefficient de capital trop élevé, puisque les surcapacités de nombreuses branches permettraient la réalisation d'une production globale plus élevée.

Harrod applique un raisonnement équivalent à la population active. Le fait de son exogénéité conditionne une instabilité de la croissance. Dans le cadre du modèle, on peut certainement se satisfaire de cette conclusion, bien qu'à long terme l'éxogénéité de la population active risque à notre avis de s'avérer dépendante de l'évolution des structures de l'économie dans son ensemble.

Or, sur ce plan l'État a son rôle à jouer, une circonstance soulignée par Harrod et originale en ce sens que pour Keynes, la nécessité dominante était la concrétisation de l'investissement en tant que tel, sans que les pouvoirs publics interviennent de façon décisive. Pour Harrod comme pour Keynes, le rôle de l'État consiste avant tout en la régulation de la demande globale, ce qui était une affirmation particulièrement importante et novatrice, puisque l'Angleterre était et reste un pays particulièrement inégalitaire au sens d'une politique fiscale et sociale qui se heurte encore de nos jours à un contexte européen bien différent.

En conclusion à ce modèle, ici encore il ne saurait être question d'un équilibre global fiable et ne subissant qu'accidentellement des soubresauts douloureux. Une régulation s'impose donc, et il sera précisé progressivement au cours de notre étude qu'elles sont actuellement – et quelles pourraient être – les formes qu'elle devra prendre.

En attendant, d'autres voix se sont élevées à l'encontre de l'hypothèse trop confortable de l'équilibre général.

6. L'École de la Régulation

Qu'il nous soit permis de souligner qu'il s'agit ici d'une orientation essentiellement française et reconnue – du moins pour ce qui est de son importance scientifique – au plan international.

Les travaux ont débuté au milieu des années soixante-dix, à la fin des Trente Glorieuses, sans pour autant s'appuyer sur les deux crises pétrolières successives. Il s'agissait en effet pour les protagonistes du mouvement, dont deux feront l'objet d'un bref commentaire, de mettre en relief les manquements du capitalisme et de l'économie de marché, sans avoir recours à de tels chocs exogènes.

Cependant, si on voulait se faire l'avocat du diable, on pourrait contrecarrer ce propos en objectant que l'orientation régulationniste aurait dû être à même de prouver sur la base de ses travaux, que la transposition de ceux-ci sur le terrain de la politique économique, aurait pu atténuer considérablement les effets douloureusement ressentis.

D'inspiration keynésienne et marxiste, les auteurs nient toute possibilité d'un équilibre sous-jacent et spontané, à la suite de perturbations qui peuvent être plus ou moins longues et/ou profondes.

Robert Boyer[66] souligne le caractère nécessairement interdisciplinaire des recherches à mener, en mettant l'accent sur l'imbrication d'un capitalisme ressenti comme national, dans l'ensemble du capitalisme international, ainsi que sur la dépendance de la notion de capitalisme en tant que telle, des structures matérielles et immatérielles des pays.

Toute idée d'équilibre, notamment financier, est donc d'emblée à écarter en vertu de l'hétérogénéité régnante. Ceci s'avère entre autres lorsqu'il s'agit de vouloir taxer les flux financiers, sujet qui soulève tant d'objections et se heurte à des obstacles majeurs avancés par les milieux bénéficiaires d'un écoulement le plus lisse possible, de ces flux.

Etant donné que les flux financiers s'élèvent globalement à deux cents fois le niveau des flux matériels, la résistance des intéressés pèse de tout son poids.

D'une vive actualité, les écrits de *Michel Aglietta*[67] s'adressent désormais prioritairement au contexte européen, en suggérant de nouvelles orientations que l'auteur pense possibles, en dépit du maintien d'un régime capitaliste englobant désormais la quasi-totalité du monde.

En effet, 19 pays de l'Union européenne partagent aujourd'hui une même monnaie, l'Euro, et pourvu qu'on considère la monnaie comme un acteur important et en symbiose avec le marché des biens et services, seul ce raisonnement est susceptible de porter des fruits.

Or, comme il a été souligné ci-dessus, la faiblesse de la conjoncture ne s'explique pas essentiellement par les crises – ou, plutôt, *des* crises, qu'elles concernent les matières premières ou les flux financiers ; elle est une composante inhérente du capitalisme tel que nous le vivons actuellement. Comme Aglietta et d'autres chercheurs le soulignent depuis

[66] R. Boyer, l'État des savoirs, La Découverte, 2002

[67] Notamment M. Aglietta, Sortir de la crise et inventer l'avenir, Michalon, nov. 2014

longtemps, l'inégalité des revenus disponibles ne fait que croître. Etant donné que la propension à consommer des couches aisées des populations de tous les pays est faible, une reprise de la demande n'est guère à espérer.

On peut ajouter que même les détenteurs de revenus élevés ont été saisis par un sentiment de précaution, de sorte qu'ils *placent* leur épargne plutôt que de l'*investir* dans les branches où un redémarrage de la production industrielle pourrait être espéré.

Il faudrait donc que l'État s'engage davantage, conformément au Plan Juncker. Cette constatation de la part de M. Aglietta est d'essence post-keynésienne. Il est certes fait mention de la nécessité de partager les risques[68], au niveau privé et public, mais il semble difficile d'en faire une contrainte, que ce soit au plan de l'épargne privé ou dans le contexte de la politique budgétaire des États, ce dont témoigne la polémique accompagnant la situation grecque.

En ce qui concerne l'École de la Régulation dans son ensemble, on ne peut échapper à un sentiment de résignation. Il reste qu'il n'existe guère de nos jours un autre mouvement aussi fondamentalement opposé au *laissez-faire* et donc au modèle de l'équilibre général, quelles que soient ses variantes.

« Renforcer les attaches » semble être le nouveau mot d'ordre ; dans la Troisième Partie, des chemins concrets seront tracés, fut-ce parfois en pointillé.

Dans l'immédiat, une autre grande figure de la science économique devra clore le Chapitre portant sur la présence de l'Équilibre ; sa pensée nous permettra de jeter le pont vers les travaux de l'Économie Comportementale.

---

[68] M. Aglietta, Sortir la zone euro du piège de la croissance basse, publié dans Le Monde du 18-12-2014

7. Joseph Stiglitz : vaincre l'endogénéité de la nature humaine[69]

En lisant cet intitulé, on a tout de suite envie d'ajouter : « vaste programme ». Or, il ne faut pas perdre de vue qu'il ne saurait s'agir ici de retracer les travaux de l'auteur en rendant justice à leur envergure scientifique impressionnante. Notre question sera toujours la suivante : L'idée même d'un équilibre général dans des conditions point trop restrictives, peut-elle être recevable ? Dans le cas contraire, existe-t-il des remèdes à même de nous rapprocher d'une telle situation ?

Dans ce qui suit, on s'appuiera sur ce qui est connu sous le nom de « paradoxe de Grossman-Stiglitz », développé en 1980[70]. Il sera alors possible de donner des contours plus précis à l'annonce faite par Stiglitz dès 1991, concernant l'endogénéité pour le moins partielle de la nature humaine (cf. note 60).

Ainsi, le paradoxe de Grossman-Stiglitz s'appuie sur deux composantes informationnelles, la connaissance du prix telle qu'elle est immédiatement disponible, et l'information concernant certes également le prix, mais allant au-delà d'une connaissance directe. L'obtention de

---

[69] J. Stiglitz, Whither Socialism, MIT Press, Cambridge, 1991

[70] S.J. Grossman et J. Stiglitz, On the impossibility of informationally efficient markets, Amercan Economic Review, vol. 44, no. 2, 1980, pp. 451-463.

l'information appartenant à cette deuxième composante, peut alors impliquer un coût en numéraire ou mesuré en fonction du temps requis pour son obtention.

Il semble nécessaire de signaler que le fait même d'assortir l'information de deux « branches », prive le phénomène du prix de son caractère « neutre », voulant dire par là que le prix – pour le moins le prix constaté à un moment donné – n'est plus détaché des agents économiques (ou des marchés reflétant leurs agissements) pour s'enliser dans leurs comportements, la deuxième composante ne constituant alors pas une sorte de « petite porte », mais plutôt une invitation de transgression manifeste. Le prix n'est ainsi plus le signal essentiel, et s'effondre en tant que rempart de la configuration néoclassique.

Or, dans le contexte walrasien, l'information « coûteuse » manquante sur un marché, ne nuit pas à l'équilibre général, dans la mesure où celui qui s'instaure sur n-1 marchés, entraîne forcément l'équilibre du dernier marché.

Néanmoins, l'expérience empirique s'inscrit en faux contre ce raisonnement et montre qu'il règne la plupart du temps une réticence de collecte d'informations coûteuse, et donc une incertitude générale. De sorte que le modèle de l'équilibre général est battu en brèche, à la fois par la logique et par l'expérience.

Rappelons que l'incertitude, même si elle a du mal à être reconnue dans ce contexte précis, rejoint l'attitude de précaution, argument keynésien par excellence. En effet : si l'équilibre n'est pas certain, il faut prendre des précautions, monétaires ou autres. Il se pose alors la question de savoir si le fait de ne pas vouloir « investir » dans des informations directement monnayables ou acceptant l'arbitrage du temps, peut être considéré comme une mesure de précaution.

Pour reprendre l'hypothèse d'endogénéité de la nature humaine, il suffit de rappeler les décisions d'optimisation individuelles qui sont prises en permanence au plan de la Bourse. Elles ont forcément des effets sur les autres agents sous la forme de ce qui est appelé couramment un comportement « moutonnier ». D'où l'emballement des cotations jusqu'au moment où les acheteurs perdent le souffle et où la chute sera d'autant plus spectaculaire que les vendeurs désirent se débarrasser au plus vite de titres devenus un poids mort.

Le grand perdant dans l'affaire est alors la convergence vers un équilibre, encore que le niveau d'un tel équilibre soit incertain. La question de savoir si ce sera l'équilibre d'« avant » ou un autre a déjà été évoquée antérieurement.

De façon générale, le monde réel témoigne du fait que, même des comportements efficients au plan local ne conduisent pas à une efficience globale, en l'absence d'une complétude des marchés, cette dernière étant revendiquée par la théorie néo-classique, en défendant toujours le modèle de l'équilibre général.

Pour ce qui est de la pensée de J. Stiglitz, son ouvrage le plus récent, paru en 2012, reflète dans ses conclusions ses recommandations pour le monde d'aujourd'hui[71].

« Inequality market forces are ultimately shaped by politics » (cit. p. 287).

Cette constatation qui accompagne l'ouvrage évoque les '*happy few*' qui dans de nombreux pays commençaient à trembler pour leurs privilèges. Des gouvernements ont été renversés et des constitutions créées. Une fois de plus, l'impérieuse nécessité d'*agir* plutôt que de *subir* des situations en vertu d'un équilibre de plus en plus évanescent, s'est avérée et se poursuit.

J. Stiglitz, en évoquant la possibilité de parvenir à *plus* d'égalité, tout simplement, suggère qu'il devrait être pos-

---

[71] J. Stiglitz, The price of inequality, W.W. Norton & Company, New York, 2012

sible de faire comprendre aux privilégiés dans notre monde d'inégalités, que l'amélioration du sort du plus grand nombre, sera finalement aussi dans *leur* intérêt.

Il reste la nécessité de la régulation. Pour ce qui est de l'Europe, n'oublions pas que les organismes chargés de la gestion des affaires monétaires, financières et donc économiques, ont la tâche du traitement quotidien des problèmes tel qu'il leur a été confié, mais que les décideurs de la régulation sont toujours les politiques auxquels les citoyens ont accordé leur vote.

À l'heure actuelle, nous constatons que les décideurs politiques ont souvent perdu la confiance des électeurs, qui ne les considèrent plus comme les Régulateurs légitimes. Dont acte dans le cas du « Brexit ».

8. L'Équilibre général : Où ? Quand ? Comment ?

Le consommateur : quelle cerise sur quel gâteau ?

Il ne serait sans doute pas adéquat, pour ne pas dire peu honnête, de considérer aujourd'hui la Théorie de l'Équilibre Général dans le cadre tracé par Léon Walras. Cependant, on doit constater que rien de ce qui était essentiel jadis n'a changé de nature.

En effet, le concept d'équilibre fait toujours figure d'un *état*, alors qu'il ne semble guère nécessaire d'insister sur le fait que l'économie réelle, pas moins hier qu'aujourd'hui, représente un processus qui peut certes être plus ou moins continu, mais qui est de toute manière de nature *séquentielle*.

Or, cette instantanéité se retrouve transposée à l'intérieur de la troisième dimension, celle de l'espace. Cette façon de procéder sous-tend une démarche qui mérite quasiment le qualificatif de manipulation. En effet, tous les biens sont considérés comme étant différents, mais chaque bien est choisi par le consommateur comme étant unique dans l'espace et dans le temps. Le choix s'opère alors sous la contrainte du budget, et ce pour l'ensemble des biens offerts sur le marché[72].

---

[72] Cf. en p.e. F. Hahn, Equilibrium and Macroeconomics, Oxford, 1984

Admettons que même sans tenir compte des problèmes d'agrégation, ce développement est parfaitement irréaliste. Une fois de plus, la rue de Tolbiac – mais momentanément sans nous tourner vers le pot de fleurs cassé – offre des exemples allant à l'encontre de cette théorie.

Insistons d'abord sur le fait que la décision même de tout achat est dépourvue de simultanéité, puisqu'il faut aux neurones un laps de temps bien qu'extrêmement réduit pour prendre une telle décision. Cependant, il n'est nul besoin de s'engager dans un tel chemin quelque peu sophistiqué pour réaliser que dans cette même rue des marchandises, essentiellement des fruits et légumes, parfaitement identiques conformément aux étiquettes, sont offerts à des prix variant souvent de 20% au même moment et à l'intérieur d'un espace de cinquante mètres environ.

Néanmoins, il est une autre affirmation dans la mouvance de la Théorie de l'Équilibre Général irréaliste, en ce sens qu'une hausse des prix ne modifierait pas la configuration des prix relatifs. Or, on se sent presque gêné de citer des exemples qui vont à l'encontre de cette affirmation, tant ils sont généralement connus.

En jetant un regard en arrière, mais tout de même en restant dans le contexte contemporain, les statistiques témoignent du fait que le secteur de l'électroménager a vu les prix à la consommation baisser de façon importante, par rapport à d'autres biens d'équipement. Pour reprendre l'exemple de l'alimentation, les prix relatifs sont appelés à varier souvent de façon importante suivant le climat régnant au cours d'une saison, d'une année à l'autre. En attendant, les prix d'autres biens peuvent ne pas varier de façon importante, mais il importe néanmoins de rappeler que même si la part du budget consacrée à l'alimentation a beaucoup baissé depuis la Deuxième Guerre mondiale, elle se situe néanmoins encore à 13%.

Avant de regarder de plus près la situation de l'offreur de biens de toute nature, il semble opportun d'examiner un autre Crédo des défenseurs de la TEG, la dotation en facteurs. Celui-concerne en effet les deux catégories d'agents, les offreurs comme les demandeurs.

Que le lecteur se rassure : nous n'allons pas faire appel à la comparaison internationale évoquant les pays à main-d'œuvre abondante et ceux largement pourvus en capitaux. Pour les besoins du propos qui suit, on peut fort bien rester au plan de nos sociétés « riches ».

Les tenants de la théorie néo-classiques défendent toujours l'hypothèse d'une dotation en facteurs donnée, que ce soit au plan des entreprises ou des ménages.

Ici encore, l'irréalisme règne. La demande de travail comme l'offre de capital sont des concepts – et des réalités – beaucoup plus complexes que ne laisse supposer l'affirmation figée émanant de la théorie néo-classique.

En effet, pour ce qui est des ménages, ils sont censés viser le maximum de satisfaction à partir des « équipements » matériels et immatériels dont ils disposent. Or, ceux-ci varient en permanence en fonction des possibilités d'utilisation. S'il est vrai que cet aspect a toujours existé, il est sans doute plus frappant aujourd'hui : une personne découvre qu'elle possède des capacités en matière d'informatique qu'elle ignorait, et qui peuvent se déployer désormais en vertu du fait que les profils mêmes de ces utilisations sont assez récents et évoluent en permanence.

Vu sous cet angle, le niveau de satisfaction matériel aussi bien qu'immatériel, va donc augmenter, sans que la dotation au plan du facteur travail ait été relevée objectivement.

Hélas, on pense immédiatement au fait que d'autres activités sont dans ce même contexte en perte de vitesse, ce qui pour de nombreux ménages peut signifier une perte relative au plan des dotations respectives.

Or, les ménages détiennent également des capitaux, même si cette composante joue en moyenne un rôle moindre que dans le cas des entreprises. Cependant, c'est encore ici que les inégalités frappent de plein fouet : ceux qui « ne possèdent rien » dépendent, ou même se trouvent dans un état de soumission, par rapport à ceux qui possèdent en propre quelques centaines de mètres carrés bâtis dont la valeur s'est envolée rapidement. En conséquence, le maximum de satisfaction est loin d'être une donnée, il évolue, les bénéficiaires espérant que la tendance ascendante veuille se poursuivre.

À ce sujet, les efforts entrepris récemment, témoignent de l'impérieuse nécessité d'une régulation qui veut se mettre en route, bien que de façon bien timide, dans la capitale, d'autres grandes villes devant suivre. On observe en effet un nombre surprenant de logements inoccupés, plus particulièrement dans les IGH, du fait de loyers inaccessibles pour le pus grand nombre, les agences immobilières se vantant en même temps du fait d'être capables de « louer votre bien en un mois maximum ».

On sait par ailleurs que les capitaux détenus par un certain pourcentage de ménages sous forme de titres peuvent être convertis très facilement pour devenir « de la pierre », si on estime que la satisfaction ainsi procurée sera supérieure.

Ainsi, lorsque les statistiques font état de plusieurs millions de ménages « mal logés », la satisfaction émanant de la dotation en facteurs acquiert un aspect nettement cynique. Une demande défaillante ou réduite au besoin vital, s'inscrit non seulement en faux contre l'idée d'équilibre, on peut estimer que cette situation est par ailleurs et, de surcroît, contreproductive.

Certes, aucun ménage ne saurait se vanter du fait de ne ressentir aucune véritable contrainte budgétaire, mais lorsque cette terminologie est réduite à son interprétation étymologique, il s'avère que pour les uns il s'agit d'un cadre d'action agréablement vaste, alors que pour d'autres le sentiment d'étouffement est tel qu'il s'oppose à toute initiative et davantage encore à toute créativité.

Une fois de plus, le raisonnement en dehors du temps est dépourvu de réalisme. Or, il suffit de peu de temps pour que les uns puissent goûter à de nombreuses cerises sur leur gâteau, alors que pour les autres la recherche même du gâteau est souvent vaine.

Une dernière remarque se référant plus spécifiquement aux consommateurs peut être ajoutée, bien qu'elle puisse paraître quelque peu en marge du sujet qui se concentre sur l'impérieuse nécessité d'une régulation de l'économie de marché : dans le contexte néo-classique, il est exclusivement question du consommateur en tant qu'individu, contrairement aux propos des classiques lorsqu'ils traitaient du thème de la répartition. Il y était question de *classes sociales,* un concept qui sera certes central chez Marx, mais qui ne se s'efface en quelque sorte qu'à partir de Walras.

Désormais il n'y a plus d'appartenance, ce qui affaiblit encore un peu plus la position du consommateur et fait que le plateau de la balance sur lequel il se trouve se situe encore plus haut par rapport à celui de l'offreur[73].

L'offreur : Cachez ce pis que je ne saurais voir…

Beaucoup de ce qui vient d'être dit au sujet du consommateur se retrouve chez l'offreur au plan de la théorie néo-classique de l'équilibre général, à commencer par

[73] Au plan sociologique, on a l'impression que dans un pays comme l'Allemagne, ce sens de l'appartenance s'est maintenu davantage, en dépit d'un niveau de vie généralement supérieur à celui de la France. On peut citer à l'appui de cette affirmation la forte syndicalisation de la main-d'œuvre, de surcroît quasiment unitaire.

l'absence de classes. Certes, on parle *des entrepreneurs* comme d'une entité globale, alors que ce n'est que le *statut* qui est le même. Comme le disait – bien que dans un contexte plus large – Golda Meir : « nous somme tous égaux, mais certains sont plus égaux que d'autres ».

En enchaînement, l'arme la plus efficace pour battre en brèche la TEG dans ce contexte, est sans doute la constatation que les économies d'échelle réalisées en élargissant la production de tel ou tel produit ou équipement, entraînent une économie de coût et donc habituellement des marges plus importantes. On pareil cas, on se trouve confronté avec des non-convexités, ce qui signifie que l'optimum parétien n'est plus nécessairement l'équilibre du marché[74].

Cependant, avant de citer des exemples mettant en relief ces non-convexités, il semble opportun d'insister sur le concept de l'optimum parétien en tant que tel. Dans son acception moderne, il doit d'abord être vu sous un double aspect, quantitatif et qualitatif. Le bien-être considéré dans sa globalité occulte en effet les critères d'appréciation matériels et immatériels. En témoigne la polémique, bien qu'aujourd'hui quasiment éteinte, concernant les éoliennes. Tout en appréciant cette nouvelle source d'énergie en tant que telle, nombreuses furent les voix accusant les dispositifs érigés à ce propos de porter atteinte à la jouissance des citoyens au titre du paysage.

Or, au cours des alinéas qui suivent, il sera surtout insisté sur les économies d'échelle qui « frappent » le secteur alimentaire, étant donné qu'il s'agit ici des besoins de base. En effet, lorsqu'on éprouve un pincement au portemonnaie lorsqu'on veut remplacer son PC portable,

---

[74] Cf. Frank Ackerman, Still dead after all these years : Interpreting the failure of general equilibrium theory, 1999, Tufts University, Medford MA 02155. Ici, p.2.

on peut reporter cet achat sans trop en souffrir ; il en va autrement lorsqu'il s'agit de l'apport calorique.

À partir d'ici, les fournisseurs de la matière première accusent, puisque les gains de productivité rendus possibles grâce aux économies d'échelle au plan du conditionnement et de la distribution ne font guère l'objet d'un partage en amont et ne profitent donc pas aux fermiers éleveurs et aux producteurs de lait.

Très récemment, ces situations ont conduit à des actes d'un vandalisme point justifiable, mais compréhensible, de la part de ceux qui ne parviennent plus à couvrir leurs frais, et ce depuis bon nombre d'années.

Les grands groupes qui achètent le lait, le porc et autres poulets (' fermiers ') ne sont pas très nombreux ; lorsqu'ils affrontent en tant qu'acheteurs – et donc en tant que consommateurs - ceux qui disposent de la matière première, ils se trouvent dans une position bien plus favorable que les consommateurs finaux des produits concernés. Les concertations en matière de prix d'achat sont nombreuses, ce qui équivaut à un partage du marché. Le lait déversé et les caisses de carottes vidées devant une certaine porte de la rue de Solferino à Paris font un clin d'œil au pot de fleurs cassé…

Il n'est alors pas difficile de récuser le raisonnement parétien ainsi que l'appel au concept d'équilibre.

Rappelons à ce propos que notre Étude vise l'esquisse d'un mode de régulation le mieux à même d'éviter à l'avenir des crises financières pouvant déboucher sur l'effondrement d'une économie de marché jugée supportable par le plus grand nombre.

En effet, l'optimum parétien n'est « optimal » que dans la mesure où personne ne saurait récolter un bénéfice sans priver un autre agent, ou groupe d'agents, d'un acquis ou considéré comme tel. Au plan des secteurs alimentaires agricoles, une meilleure rémunération âprement négociée à l'heure actuelle, entraînera nécessairement une baisse des marges réalisées par les agents opérant en aval, ou alors une productivité plus élevée à l'intérieur de la chaîne de distribution.

Les négociations actuellement en cours témoignent du fait que le secteur en question ne se trouve nullement dans une situation de concurrence parfaite. S'il en était ainsi, les problèmes actuels pourraient passer pour des perturbations passagères qui seraient bientôt éliminées par l'action bienfaisante de la main invisible.

Il n'en est pas ainsi, du fait essentiellement des économies d'échelle réalisables grâce à une configuration oligopolistique qui crée des rapports de force préjudiciables au monde agricole. Cette situation va à l'encontre de l'équilibre de marché tel qu'il fut voulu par Walras et plus tard par le modèle Arrow-Debreu.

Se pose alors la question des conséquences. Les négociations présentes témoignent de façon assez surprenante d'une solidarité nouvelle de la part des agriculteurs, en face du mur des défenseurs des dividendes de leurs actionnaires.

En dépit de ce déséquilibre, il est permis d'être raisonnablement optimiste. De la part des autorités, des efforts sont entrepris pour non seulement parvenir à des accords sur des prix à payer aux producteurs, mais aussi pour suggérer de façon plus ou moins subtile que la main de l'État peut se poser sur le portefeuille par le biais du Fisc.

Effet, un scénario catastrophe serait le suivant : étouffés par les charges et des prix inférieurs aux coûts de production, de nombreux agriculteurs voudraient jeter l'éponge, bien que cela leur serait difficile voire impossible du fait des crédits en cours. Perdre une part importante de la production nationale serait contraire à une politique économique responsable et conduirait au plan technique à une forte hausse des importations déjà trop importantes en

France. Les autorités doivent donc mettre la main sur le gouvernail pour éviter la casse, même si cette main ne saurait rester « invisible »… ou justement à cause de cela !

9. Le grand bond en arrière

Décidément, Keynes a disparu trop tôt, non seulement en tant qu'homme, mais aussi en tant qu'économiste. S'il avait pu assister à l'émergence de l'Europe, même pendant longtemps encore privée d'une monnaie commune, il aurait peut-être réussi à convaincre les décideurs politiques ainsi que ses collègues économistes, de l'importance de la gestion monétaire et éviter aux précurseurs de la BCE (le « serpent monétaire ») des chemins aussi méandreux.

Hélas, il n'en fut pas ainsi. Certes, la théorie quantitative a évolué, et on doit lui reconnaître l'intégration du temps dans le processus, par le biais de la vitesse de circulation de la monnaie, mais son rôle semble plutôt nocif pour l'économie. Ainsi, le voile s'est transformé en une sorte de moisissure…

Il n'est guère nécessaire de rappeler que dans le monde post-keynésien, la monnaie constitue un pilier de l'économie. Or, lorsqu'on regarde d'un œil critique la politique de la BCE, on sent souvent des contorsions d'une lutte intestine et la présence avérée des deux courants de la pensée économique actuelle.

Toujours est-il que la théorie quantitative contemporaine maintient le *Credo* de la dichotomie entre le monde réel et le monde monétaire[75]. Précisons : Pour les néo-clas-

---

[75] Dominique Plihon, La monnaie et ses mécanismes, La Découverte, 5e édition 2008, ch. III

siques « modernes », il reste que le niveau des transactions est fixe et conforme au plein emploi des ressources. Des écarts éventuels sont –une fois de plus – des incidents de parcours, et tout finira par rentrer dans l'ordre. La ligne de défense de l'équilibre général n'a donc pas vraiment changé.

La suite du raisonnement veut étayer ce qui vient d'être dit : la vitesse de circulation de la monnaie est exogène, elle dépend essentiellement des institutions et du contexte social donné. Nous aurions donc à faire à un multiplicateur monétaire. Le niveau des transactions étant déterminé, le niveau des prix dépend uniquement de la masse monétaire. La monnaie centrale étant dominante, ce sont les banques centrales qui tiennent le gouvernail de l'inflation qui constitue en conséquence un phénomène purement macroéconomique.

À l'opposé, le courant post-keynésien, abusivement affublé de l'attribut « hétérodoxe », souligne le caractère endogène de la monnaie et en fait donc un diviseur à la place du multiplicateur des « quantitativistes ». Les besoins des agents économiques sont relayés par les banques, de sorte que la banque centrale est véritablement un prêteur en dernier ressort, au service de l'économie.

Dans la situation économique actuelle, le danger inflationniste n'est guère présent, mais le rôle des décideurs politiques n'en est pas moins primordial. Au-delà de la sphère strictement financière, ceci s'avère dans des cas comme celui d'Aréva où manifestement rien ne rentrerait dans un ordre, bien que tenu, sans l'intervention de l'État comme agent actif. Aujourd'hui plus que jamais, la séparation entre les secteurs privé et public est devenue de plus en plus factice[76].

---

[76] John Kenneth Galbraith, The economics of innocent fraud, Penguin 2004, ch. The myth of the two sectors.

En conclusion à cette Première Partie, on peut s'adjuger le droit à un certain pragmatisme :

Cessons de vivre dans un monde de Père Noel ! Comme l'a si bien dit Frank Ackerman[77] :

« Santa Claus is for kids, and general equilibrium economists ought to grow up, leaving their Santa Claus economics in the dustbin of history".[78]

Au delà de la Conclusion… en enchaînement

Certes, cette Première Partie a conduit à des constatations que nous espérons être plus que des affirmations. Ceci étant, le monde de l'économie n'évolue pas en isolement, il fait partie d'un monde cognitif global.

Citons à ce propos Albert Einstein[79] : *« You believe in a God who plays dice, and I in complete law and order in a world which objectively exists, and which I, in a wildly speculative way, am trying to capture. »* (Vous croyez en un Dieu qui joue aux dés, et moi en la loi et l'ordre parfaits d'un Monde qui existe objectivement et que j'essaie de cerner d'une façon largement spéculative).

Or, sans vouloir porter atteinte à la portée universelle du propos, nous voyons ici venir vers nous la contradiction fondamentale entre ce qui rassure et ce qui reste incertain. Lorsqu'on suit le commentaire de Ian Stewart[80], Albert Einstein serait plutôt malheureux en se rendant compte

[77] Frank Ackerman, Real World Economics Review Blog, 22 juillet 2015, citation p.3

[78] Trad. : Le Père Noël appartient aux enfants, et les tenants de l'équilibre général devraient devenir adultes et jeter leurs idées en matière économique dans la poubelle de l'histoire.

[79] Cette citation se trouve dans une lettre adressée par lui au physicien Max Born, citation reproduite dans Ian Stewart, Does God play dice ?, 2e édition, Penguin, 1997, p. 329

[80] Ian Stewart, op.cit. p.344, également concernant la dernière phrase.

que les chercheurs d'aujourd'hui, dans le contexte de la théorie quantique, ne quittent point le domaine aléatoire et ne parviennent pas à devenir pleinement déterministes.

Dans la Troisième Partie, un champ nouveau devra s'ouvrir, celui de la théorie toujours naissante du chaos, qui lui aussi cherchera à englober la science économique dans un ensemble de portée universelle.

En attendant, comme le dit si bien Ian Stewart, « *God may not play dice, but apparently Geiger counters and cats still do* ». (Dieu ne joue peut-être pas aux dés, mais apparemment les compteurs Geiger et les chats le font toujours)

PARTIE II

LA FINANCE DANS LA TOURMENTE

Un bref rappel

La Première Partie de l'Étude a démontré l'impossibilité d'un équilibre général au plan de la vie économique, de sorte qu'un équilibre apparent ne saurait refléter une situation de repos, à retrouver à la suite de perturbations qualifiées de passagères par l'économie néo-classique, la branche toujours dominante de la science économique.

On peut estimer que la dominance de la pensée néo-classique s'est maintenue d'autant plus facilement, du fait que la théorie et la gestion des économies centralisées ont perdu pied dans la vase des courants porteurs des démocraties dominantes. De par cette mouvance, on a tendance à négliger le fait que l'opposition vraie se situe moins entre la centralisation et la décentralisation, et davantage au plan de la qualité et l'efficience de la gestion macroéconomique, quelle que soit sa configuration.

Or, la Première Partie ne devait pas être un simple constat, un aveu de carence : puisqu'on cherchera en vain l'équilibre, vivons dans le désordre ! Au contraire, ce constat décidé doit être un appel à l'action, le maître mot de l'ensemble de l'Étude, pour faire en sorte qu'il n'y ait plus de mésaventures comme celles des années récentes, 1987 devant occuper une place particulière.

Pour ce faire, il sera fait appel à la science économique comportementale qui depuis une quarantaine d'années élabore des analyses innovantes, la finance constituant un terrain spécifique de la mise en relief et de l'application des acquis théoriques.

1. La rationalité démentie

L'édifice de l'économie néo-classique repose en grande partie sur ce *Credo*. Or, la pensée logique et rationnelle ne domine pas nos actions, nos initiatives, que ce soit dans le contexte économique ou dans la vie en général. D. Kahneman (prix Nobel 2002) et A. Tversky sont les précurseurs de la science économique comportementale, et leurs premiers travaux[81] s'adressent aux biais qui détournent notre pensée de la logique au sens du raisonnement en lui-même, abstraction faite de toute application et toute considération psychologique.

N'oublions pas qu'au départ « la rationalité est une idée, une idéalité »[82] et donc point une fatalité à laquelle on ne saurait échapper.

Or, le rejet de la rationalité peut prendre une forme cognitive ou motivationnelle, au plan des comportements. Ainsi, on se tournera d'abord vers une série de *biais cognitifs*(« cognitive biases ») au sens de la description des processus de la connaissance. Suivront les *biais motivationnels* (« motivational biases ») dont les effets éloignent davantage encore les comportements de ce qu'enseigne la théorie traditionnelle.

---

[81] d ; Kahneman et A. Tversky, Judgement under Uncertainty : Heurestics and Biases, Science l85, 1974

[82] Commentaire fait lors d'un entretien par Bernard Girard, le 26-09-2016.

Ces biais seront interprétés devant la toile de fond de la finance. Une fois les profils retracés, on posera la question de savoir comment, au plan individuel et collectif, le Régulateur pourra tenter de les rendre moins présents, bien que de telles tentatives fassent appel à un optimisme peut-être trop bienveillant. Pour formuler ce contexte différemment, il s'agira de faire appel à des composantes institutionnelles à même d'exercer une influence dans l'intérêt général. En d'autres termes, il s'agirait de « remettre la finance à sa place », un fil conducteur omniprésent au cours de l'Étude.

Ainsi, on s'écartera pour l'essentiel de la modélisation mathématique dominante, dans la mesure où, au-delà de sa mise en question générale, elle ne pourra guère servir notre propos qui sera toujours orienté vers la prévention.

Les biais cognitifs (« cognitive biases »)

Même si les interprétations peuvent diverger quelque peu, il est permis de les caractériser de la façon suivante : ils ne sont au fond rien d'autre qu'un raccourci qui passe par l'intuition et qui coupe court à un raisonnement analytique ou logique qui tiendrait compte de toutes les informations généralement disponibles. Alors que la théorie dominante part du principe que toute l'information disponible concourt à la prise des décisions, la théorie comportementale – que l'on continue de qualifier d'« hétérodoxe » – suit l'observation empirique pour souligner qu'il n'en est pas ainsi.

Sur le plan le plus large, on peut citer le biais de *la croyance en un monde juste*. Certes, ce biais semble dépasser le cadre de la vie économique, mais il y est néanmoins solidement ancré. L'idée suivant laquelle chacun reçoit ce qu'il mérite n'a pas disparu : dans le domaine social qui est celui de la sécurité des hommes, on ne peut écarter l'opposition qui faisait jadis s'affronter Bismarck (« à chacun suivant ses droits acquis ») et Beveridge (« à chacun suivant ses besoins »).

Rappelons qu'Otto von Bismarck, le Chandelier du IIe Reich allemand, avait pour souci de neutraliser l'influence des sociaux-démocrates à la suite de la victoire de 1871, but essentiel qu'il visait avec une législation sociale qui constitue un précurseur de la Sécurité sociale. Or, il lui semblait juste d'accorder à chacun des droits en vertu de ce qu'il avait accumulé par des contributions à partir du travail accompli, et qui ne s'appelaient pas encore des « cotisations ».

À l'opposé, Lord William Henry Beveridge, administrateur britannique, était à l'origine en Grande-Bretagne, de l'assurance chômage en 1911 et de la Sécurité sociale (Plan Beveridge, 1942). On peut se demander en marge ce qu'il penserait aujourd'hui de la législation sociale au Royaume-Uni…

Or, encore de nos jours, cette juxtaposition, et donc ce double biais, n'a pas disparu de l'opinion publique et ne facilite donc pas l'orientation de la politique économique dans le contexte financier, privé et public.

Qui plus est, un monde juste est un monde sécurisant… Or, la vision du Docteur Pangloss ne saurait avoir droit de cité. Néanmoins, la volonté du maintien du *statu quo* constitue un biais répandu, qui possède par ailleurs une composante émotionnelle, une imbrication qui sera reprise ultérieurement au cours de ce paragraphe.

Un autre biais remarquable et appartenant plus spécifiquement au monde de la finance est *le biais de dépossession (disposition effect)*, ainsi que *l'effet de dotation (endowment effect)* qui reposent tous deux sur la *théorie des perspectives* (*prospect theory)*[83].

Bien que de nombreuses variantes de la théorie des perspectives eurent été élaborées entretemps, ce sont surtout ses débuts qui créent un fossé remarquable par rapport à la théorie standard de l'utilité, et concernant la théorie néo-classique en général.

En effet, dès 1953, Maurice Allais a évoqué les aspects irrationnels du comportement des agents économiques[84]. Pourquoi a-t-il alors fallu attendre les travaux de Kahneman et Tversky, pour que l'économie comportementale puisse réellement naître ? La réponse de Jon Elster est aussi claire que regrettable[85] : M. Allais ne proposait pas d'alternative par rapport aux thèses de l'école américaine.

Aujourd'hui, les lignes directrices qui font la différence entre les comportements supposés à tort toujours rationnels et les comportements « vrais » peuvent être caractérisées de la façon suivante :

Dans le contexte de la théorie de l'économie comportementale, la fonction de valeur s'écarte de la fonction

---

[83] D. Kahneman et A. Tversky, Prospect theory: an analysis of decision under risk, Econometrica, 47, 263-291, 1979

[84] M. Allais, Le comportement de l'homme rationnel devant le risque : critique des postulats de l'Ecole américaine, Econometrica, 21 (1953), p. 503-546

[85] J. Elster, L'Irrationalité, t. II, p. 287-288, Le Seuil, 2010

d'utilité, pour faire appel à un point de référence défini d'avance.

Ainsi, la théorie des perspectives (« prospect theory ») remplace la fonction d'utilité, dans la mesure où cette dernière se réfère à des états réalisés, alors que la fonction de la valeur constate des écarts positifs ou négatifs par rapport au point de référence. Par ailleurs, les probabilités sont en quelque sorte des fonctions de pondération, des « poids ». Dans le langage de J. Elster, ce qui était impossible devient possible, et ce qui était probable devient certain[86].

Pour ce qui est de la forme des courbes qui reflètent ces fonctions, l'image de la fonction d'utilité est toujours concave, alors que l'image de la fonction de valeur accuse une courbure concave pour les gains et une courbure convexe pour les pertes.

Concernant la fonction de valeur, celle de la théorie des perspectives, l'explication est la suivante :

Avec l'éloignement par rapport au point de référence, la sensibilité décroit, et ce indépendamment de la présence d'un gain ou d'une perte. A titre d'exemple, on constate ceci : à la suite d'une lourde perte, une autre perte est ressentie moins douloureusement, ce qui explique la convexité de la fonction. Le raisonnement est l'inverse dans le cas des gains.

Il a déjà été signalé que la théorie des perspectives se retrouve dans différentes configurations, comme par exemple dans l'effet de dotation. Ce biais veut que ce que l'on possède soit surévalué par rapport à ce qu'on pourrait obtenir.

Or, s'il est vrai que la théorie des perspectives s'est intéressée d'abord aux risques attendus, les travaux de

---

[86] J.Elster, op. cit. p.291

Tversky et Kahneman indiquent que l'aversion au risque est présente dans les deux cas.

Suivant les études empiriques des auteurs, l'aversion médiane au risque (devant ce qu'on pourrait obtenir au titre d'un gain incertain) donne un coefficient de 0,88, alors que l'aversion médiane à la perte (de ce qu'on possède) montre un coefficient de 2,25. Exprimé autrement, c'est l'alternative risquée qui se trouve privilégiée. Pour ce qui est des détails de la réalisation de ces valeurs, le lecteur devra se référer à l'ouvrage de Tversky et Kahneman[87].

Au plan de la finance, concernant l'attitude des agents devant les gains et les pertes, H. Shefrin et M. Statman[88] ont dès 1985 examiné le comportement des Traders pour constater (ce que des études empiriques ont confirmé depuis lors) qu'il existe effectivement un biais : ils vendent les titres gagnants plus vite que les titres perdants, pour réaliser les gains et compenser ainsi les pertes.

Le raisonnement implique qu'un prix d'achat inférieur au prix négocié en dernier apportera un gain et incitera donc à une vente rapide, alors qu'un prix d'achat supérieur au dernier prix négocié précédemment signifiera une perte et donc une vente moins rapide.

Si presque tous les biais cognitifs peuvent trouver une transposition sur le terrain de la finance, le biais suivant peut paraître particulièrement intéressant : il s'agit du *biais du reflet*[89]. Le point de départ de la démonstration est la

---

[87] A. Tversky et D. Kahneman, Advances in Prospect Theory, cumulative representation of uncertainty, Journal of Risk and Uncertainly, 5, p. 297 – 323, (1992)

[88] H. Shefrin et M. Statman, The disposition to sell winners too early and ride losers too long, Journal of Finance (40), p.777 – 790, 1985

[89] J. Goldberg et R. von Nitzsch, Behavioral Finance, finanzbuch-Verlag, Munich, 3e édition 2000, p. 85 – 92, se référant à D. Kahneman & A. Tversky cf. note 2

sensibilité décroissante. L'agent est confronté avec le choix de recevoir sûrement une certaine somme, ou de participer à un jeu qui lui apportera le double de la somme avec une probabilité de 50%.

Les études empiriques indiquent que dans la majorité des cas, le choix sera celui de la sécurité. Cependant, lorsque le jeu est inversé, l'attitude face au risque change : la perte certaine est opposée à une perte encore plus importante. En partant de nouveau d'une probabilité de 50% de part et d'autre, il résulte que la perte incertaine est assortie d'une valeur plus élevée que la perte certaine ; ceci une fois de plus en vertu de la sensibilité décroissante de part et d'autre. La décision est prise en faveur de l'alternative risquée.

En conséquence, en passant du gain à la perte, l'aversion au risque est habituellement inversée, d'où le nom de *biais de reflet*.

Arrivé en ce point, il semble indiqué de souligner une difficulté souvent rencontrée dans le cadre de l'économie comportementale : différents biais se recouvrent, s'emboitent et rendent difficile une analyse pertinente, devant le front toujours aussi solide des tenants du « main stream ».

Il en va ainsi plus particulièrement au plan du *biais du cadrage (« framing »).* De façon générale, ce biais désigne le fait que la décision, qu'elle concerne l'investissement ou un autre domaine, est influencée par la façon de présenter une situation. Ainsi, une même information peut être à l'origine de décisions différentes, même si le contenu informationnel est rigoureusement identique.

On constate donc un écart par rapport à la théorie de l'utilité qui suppose une invariance descriptive[90], ce qui signifie que différents modes de représentation de la même constellation de choix devraient conduire aux mêmes préférences. Cependant, ceci n'est pas le cas, et des études empiriques démontrent que ce biais de comportement vaut également au plan de décisions financières.

Or, s'il est vrai que les bulles spéculatives sont devenues au fil du temps ce que les Anglo-Saxons appellent un squelette dans l'armoire, une telle évolution n'est pas sans contrepartie. Il arrive en effet assez souvent, même dans les milieux considérés comme étant bien informés, que la façon de présenter une recommandation d'investissement décide de la réalisation, ou de la renonciation, concernant cet investissement.

Une telle recommandation peut naturellement être parfaitement rationnelle ; ceci est le cas lorsque l'initiative préconisée est conforme aux fondamentaux, y compris dans le cas de la prise en considération de la probabilité bayésienne.

Cependant, le biais du « framing » considère les cas où l'action recommandée est éloignée de ce qui serait conforme à l'évolution des fondamentaux. De toute évidence, ceci peut s'avérer préjudiciable au plan macroéconomique, dans un sens comme dans l'autre. En effet, des investissements préconisés et réalisés au-delà de ce que veut la « raison » au sens propre du terme, peuvent voir surgir des monstres désespérément vides à la périphérie de certaines villes, puisque les fonctions culturelles n'ont pas suivi. Un exemple très parlant de ce genre d'erreurs spectaculaires sont les halls pompeux, à destination par ailleurs large-

---

81 Handbook of behavioral Finance, ed. Briqan Bruce, Framing effects, selective information and market behavior: an experimental analysis, Riche Kirchler, Boris Maciejovsky et Martin Weber, 2010, p. 8

ment inconnues, qu'on peut contempler à la périphérie de la ville de Valence en Espagne.

À l'inverse, le « framing » peut détourner les bailleurs de fonds de projets intéressants, parce que jugés à tort insuffisamment rentables. Il est vrai qu'en pareil cas interviennent aussi des considérations de concurrence.

Dans le contexte boursier, le « framing » peut s'avérer particulièrement pernicieux, puisque même les investisseurs qui ne cherchent pas un simple placement, peuvent perdre l'envie de s'engager dans la durée, du fait du profil trompeur de l'évolution des cours au jour le jour. On reviendra plus particulièrement sur cet aspect dans le cadre des comportements recommandés pour empêcher, au-delà d'une crise toujours possible, un pessimisme non justifié et signe de défiance.

Or, bien que le lecteur ait pu constater entretemps les imbrications et chevauchements entre les divers biais, il est néanmoins indiqué, dans l'intérêt de la clarté de l'exposé, de nous tourner plus spécifiquement vers un autre biais, *l'heuristique d'ancrage.*

Ce biais signale une sorte d'abus, c'est-à-dire le fait qu'une information est utilisée à tort en tant que référence. Il s'agit là d'une situation qui concerne tout particulièrement les marchés financiers où il importe de réagir le plus rapidement possible, non seulement en termes de jours, mais d'heures ou de minutes, à des variations concernant les actions et autres titres, ainsi que les taux d'intérêt et les cours des devises.

Ainsi, l' « ancre » est un premier choix qui doit subir des adaptations au fil du temps, suivant les informations parvenues. Or, les études empiriques démontrent que le processus d'adaptation est facilement défaillant, superficiel et sommaire, puisque les agents concernés manquent de temps et craignent de perdre une bonne occasion. Ainsi, l'ancre en tant que première référence, conserve la plupart du temps un poids trop important.

Pour le « petit » investisseur, qu'il soit occasionnel ou coutumier, on doit tenir compte de traits de comportement qui dépassent certes le contexte financier, mais qui risquent d'être particulièrement préjudiciables lorsqu'il s'agit de faire fructifier ses deniers : lorsqu'il s'agit d'affronter l'inconnu qui après tout gouverne quasiment toute la sphère financière, l'investisseur « se rabat » en quelque sorte sur ce qui lui est familier. Ainsi, il regarde les comptes financiers de telle entreprise, de l'année passée, qui lui serviront d'ancre. Et même si le nouvel investissement s'avère quelque peu décevant, la tendance est de ne pas perdre de vue la situation « d'avant », et donc de ne pas lâcher l'ancre.

De la sorte, l'investisseur risque de privilégier des titres connus de lui depuis un certain temps, de se comporter selon son propre jugement en bon père de famille, et de perdre de l'argent qu'il aurait dû orienter vers d'autres titres devenus objectivement nettement plus prometteurs.

Restant momentanément devant le profil du « petit » investisseur, il lui est malheureusement propre également d'observer un *comportement moutonnier* qui rejoint les proverbiales discussions « du café du commerce », au propre comme au figuré. Ajoutons encore l'agression que subit le portefeuille, souvent modeste, de la part des médias en général et des sites d'Internet en particulier.

Aussi des titres d'entreprises prestigieuses figurant au CAC 40 depuis longtemps seront trop facilement appréciés en vertu de leur déjà longue carrière, même si leurs fondamentaux présents peuvent laisser à désirer.

Or, *l'heuristique de l'ancrage* est présente également dans le contexte de l'estimation des probabilités[91]. On part d'une « ancre » sous la forme d'un événement auquel on attribue une certaine probabilité, et les études empiriques montrent que cette probabilité est insuffisamment corrigée lorsqu'il s'avère au fil du temps qu'une adaptation s'impose.

La valeur attribuée à l'ancre n'est d'ailleurs pas nécessairement numérique, il peut s'agir aussi de ce qu'on appelle le *biais de contagion.* L'ancre est alors constituée d'un ensemble d'opinions d'amis, peut-être aussi d'experts et d'analystes. On devrait alors savoir à qui on s'adresse : si les experts interrogés sont des Traders haussiers, l'ancre sera placée plutôt haut, mais s'ils sont baissiers, l'ancre se situera à un niveau plus bas.

Pour ce qui est des monnaies, ce biais révèle sa parenté avec celui du statu quo, déjà évoqué. En effet, on rencontre une attitude d'inertie qui veut qu'on parte du cours à terme de la devise concernée, pour l'adapter ultérieurement de façon plus ou moins idoine. Intervient alors l'estimation des probabilités : quelle est la probabilité pour que la devise atteigne tel plafond, ou encore tel plancher ? L'expérience récente montre que cet écart virtuel est souvent fixé de façon trop étroite, à la lumière de l'évolution de l'Euro par rapport au Dollar US.

Un autre biais qui semble important dans le contexte de la finance est *le cadrage en matière de rentes (« annuity framing »)*[92]. Si ce biais est traité à la suite de l'heuristique

---

[91] S. Lichtenberg, B. Fischhoff, DP.. Phillips, Calibration and Probabilities: the state of the art to 1980, in/ D. Kahneman, P. Slovic, A. Tversky, 'ed), Judgement under Uncertainty: Heuristics and biases, Cambridge, 1982 (306-334)

[92] Handbook of behavioral Finance, Brian Bruce ed., Information overload and information presentation in financial decision making, Julie Agnew and Lisa Szykman (2010)

d'ancrage, la raison en est qu'ici encore, on pourrait presque invoquer un phénomène d'inertie : en effet, ce sujet intéresse

Ce sujet intéresse aujourd'hui plus particulièrement les chercheurs an matière de science économique comportementale, d'autant plus que son importance est à la fois d'ordre micro- et macroéconomique.

Les auteurs présentent la situation de la façon suivante : Les rentes examinées sont essentiellement de rentes à vie, fixes. Ces titres sont surtout achetés par des retraités visant une « décumulation » de leur épargne. Or, on peut s'étonner que le marché des rentes ne soit pas plus important qu'il ne l'est, et même les modèles partant d'un comportement rationnel des acheteurs ne semblent pas expliquer les dimensions réduites de ce marché.

Les auteurs admettent qu'il n'est guère possible d'être catégorique concernant les raisonnements à retracer et les conclusions à tirer. Il se peut que les agents préfèrent les investissements par rapport aux rentes, parce qu'ils comprennent mieux les inconvénients que présentent les rentes, par rapport aux conséquences négatives possibles des actions. Ce serait donc une fuite devant l'inconnu…

Par ailleurs, la quantité d'informations que reçoit l'agent concerné a également de l'importance. Il suffit de penser à la publicité qui s'adresse à toutes les catégories de titres ; en fonction des études menées, il s'avère que l'agent à la recherche d'un placement choisira celui qui lui demande le moindre effort. Ceci est en effet une orientation nettement comportementale, bien qu'elle ne possède pas un profil particulièrement flatteur.

On constate encore que les agents possédant moins de connaissances en matière financière se sentiront plus vite « inondés » par des informations que ceux qui sont plus habitués au langage particulier de la finance.

Or, si les biais annoncés comportent bien une composante cognitive et une composante motivationnelle, il nous semble essentiel d'isoler, avant de passer à cette dernière, une catégorie d'agents économiques très particulière, du fait que ses comportements se détachent de ceux de tous les autres groupes d'agents : il s'agit des Traders.

Le biais dont il faut parler ici s'appelle *l'effet de gel*, exposé par Kurt Lewin dès les années quarante[93]. L'exposé faisant appel à une subtilité certaine, l'exemple cité se prête bien à la transposition sur le plan financier. En effet, à l'époque il s'agissait aux Etats-Unis de changer les habitudes américaines de la population. Devant nombre de tentatives d'explication vouées à l'échec, les autorités avaient fait appel à Kurt Lewin pour convaincre les gens de manger (aussi) des abats. Le psychologue, déjà très populaire, déclara alors publiquement sa *décision* de cuisiner désormais des abats. Le succès fut immédiat.

Pour revenir aux Traders, il s'agira de la décision d'ouvrir une position, dans l'attente d'une hausse des cours. Bien entendu, cette décision sera connue ; dans le cas d'une baisse inattendue, le Trader ne perdra non seulement de l'argent, mais il lui faudra revenir sur sa décision et donc remettre en cause son jugement. Le fera-t-il de nos jours ? Au fond, l'effet de gel voudrait que le Trader n'admette pas s'être trompé.

Le lecteur pensera que cela vaut quelque peu pour n'importe quel individu, mais il est un fait que chez un Trader, l'acceptation d'une telle conclusion se situe devant la toile de fond de la déception de nombreuses personnes autres que lui.

---

[93] OPTION BINAIRE, http://www.option-binaire.eu/biais-psychologiques-trader.htm ; 14-09-2015

Les biais motivationnels

Nous parlerons par la suite des *biais motivationnels,* tout en sachant que s'ils peuvent être isolés en principe, il existera toujours des chevauchements plus ou moins étroits par rapport aux *biais cognitifs.* C'est aussi en vertu de ce fait que les biais motivationnels seront évoqués, avant de procéder à une évaluation de l'ensemble, concernant les moyens à mettre en œuvre pour « limiter la casse », pour le citoyen aussi bien que pour les responsables politiques.

L'enchaînement entre les deux composantes de biais peut être situé au plan du biais du *statu quo,* dans la mesure où la justification du système dépasse le contexte informationnel pour dériver vers un désir de rassurance de la part des agents économiques. En effet, en France comme dans d'autres pays avec des variantes, on peut entendre fréquemment des propos du genre : « aussi longtemps qu'il n'y a pas de Révolution, mes Bons du Trésor sont en sécurité ».

Or, en un temps où le « coaching » est devenu un accompagnement quasiment imposé de la vie professionnelle, on peut rencontrer des efforts constructifs dans le cadre d'équipes réunies, traitant d'explications motivationnelles de comportements rencontrés[94].

Ces travaux et études révèlent que les biais motivationnels, également appelés biais sociaux ou biais d'attribution, conduisent à des erreurs commises lors de l'appréciation de nos comportements, ainsi que de celle d'autrui.

Il convient de citer en premier un effet auquel font référence de nombreuses études, l'*effet de halo.*

---

[94] Teams : Attribution and Motivational Bias, Daily Process thoughts, July 11, 2013, "Software Process and Measurement".

Il implique le fait que certains traits de caractère d'une personne l'emportent sur d'autres traits de la même personne, qu'ils soient positifs ou négatifs. Par exemple, une personne très charismatique aura moins de mal à faire prévaloir ses arguments qu'une autre dont les raisonnements introduits peuvent être supérieurs sur un plan de logique.

Dans le monde du travail, l'effet de halo peut avoir des conséquences particulièrement pernicieuses, encore qu'il soit malaisé de tracer une ligne de séparation entre la vie professionnelle et la vie sociale ou même strictement privée.

Ainsi, un collaborateur dont l'impression générale est plutôt négative verra certains aspects de son comportement sous-évalués à injuste titre. On peut penser à sa flexibilité lorsqu'il s'agit de « poser ses congés » qui rendra de grands services à des personnes moins « souples » pour toutes sortes de raisons, sans que le « mal aimé » ait même droit à un « merci ».

Par ailleurs, un chef d'entreprise qui est considéré comme un excellent communicateur va facilement hériter du label de très bon décideur, son aisance de communication recouvrant (trop) facilement des orientations de décision plus discutables.

Dans un domaine paraissant différent, l'effet de halo peut sûrement jouer dans les deux sens : il s'agit des produits biologiques. Certes, il ne saurait s'agir ici de reprendre la discussion de l'introduction de substances nuisibles dans les terres, les aires et autres supports, mais certains comportements relèvent régulièrement de l'effet de halo :

Du côté positif, il y a l'idée très répandue du « meilleur goût » des produits biologiques, ce qui constitue une appréciation hasardeuse, étant donné que le goût d'un produit obéit à d'innombrables influences. Du côté négatif, on rencontre aussi fréquemment l'avis que les produits biologiques ont bénéficié de publicités astucieuses qui ne visent rien d'autre que la justification d'un prix plus élevé.

Un autre biais motivationnel est *l'illusion de transparence*[95]. Il nous semble que cet effet est difficile à saisir, et que le recours à la psychologie s'impose. Néanmoins, on peut constater que souvent nous surestimons notre capacité de comprendre ce qui se passe dans la tête (ou encore dans le cœur) de quelqu'un d'autre. Ceci est dû au fait que nous ignorons – ou que nous ne voulons pas croire – en l'existence des biais, qu'ils soient par ailleurs cognitifs ou motivationnels, et que nous considérons facilement comme étant rationnels des comportements, que ce soient les nôtres ou ceux d'autrui. De sorte que les actions et réactions peuvent ainsi être doublement biaisées.

Sur un plan plus concret bien que moins subtil, nous pouvons ici jeter un regard vers la sphère monétaire, ce qui semble d'autant plus justifié que de gros krachs jalonnent l'histoire dans ce domaine. On constate que surtout au niveau des pays en voie de développement, le flottement souvent erratique des monnaies a engendré une opacité peu amène à une gestion ordonnée des économies nationales. Nous y reviendrons au paragraphe suivant.

Il convient de mentionner par ailleurs les *erreurs d'attribution,* exprimé de façon plus courante, les jugements faciles. Ce sont des jugements sommaires visant la prétendue « bêtise » ou « paresse » de quelqu'un – souvent un collègue de travail – sans se demander dans quelle mesure tel ou tel comportement peut être imputable à des situations particulières. Un exemple hélas assez courant peut être le suivant : « Je sais que je ne serai pas promu, parce que le petit cousin du PDG va finir HEC sous peu et aura la place qui devrait être la mienne ».

---

[95] Cf. note 12

En résumé de ces considérations des biais motivationnels, on aura recours à l'exposé de cette problématique, par Gordy Pleyers[96] : Après avoir insisté sur la volonté d'éviter la peur, la honte, surtout lorsqu'il s'agit d'enjeux importants, il dit ceci :

« Le principe de 'pensée désireuse' suggère que les probabilités sont influencées par la notion de valeur des issues désirables qui sont jugées plus susceptibles de se produire que des issues non désirables. Les biais motivationnels... renvoient d'une part à la défense et favorisation de soi, et d'autre part au besoin de contrôle effectif. Dans le premier cas, l'individu cherche à éviter d'être blâmé pour des échecs, et dans le second, il privilégie le recours à des explications internes ; c'est-à-dire qu'il néglige les facteurs externes de la situation ».

Le panorama des effets cognitifs et motivationnels ne saurait jamais être complet, mais celui qui vient d'être présenté peut se prêter à quelques réflexions pouvant mener à des améliorations du fonctionnement du système financier : comment éviter la casse, au-delà du cas des végétaux, au propre comme au figuré ?

Ce faisant, il faudra toujours être conscient du fait que l'irrationalité qui sévit sur les marchés financiers n'est l'apanage ni des épargnants en quête de bonnes occasions de placement, ni des Traders, mais qu'elle constitue un Mal partagé, si tant est qu'on puisse considérer la rationalité comme un Bien. Or, des comportements frappants de par leurs effets dommageables sont plus visibles lorsqu'ils concernent des acteurs manipulant des sommes impressionnantes (exemple récent : la Société Générale) que lorsqu'ils entrainent des cataclysmes pour des agents économiques relativement modestes.

---

[96] G. Pleyers, L'endoctrinement affectif du citoyen, 2e édition, 2006, citation p. 55, Les éditions de l'Université de Liège, Belgique

Le rôle du Régulateur

Il est certain que le vaste assemblage des biais peut faire douter d'une mise en question fructueuse. Elle sera néanmoins tentée. Très généralement, on peut légitimement espérer que la démonstration de l'intérêt personnel, au-delà de l'intérêt général, peut ici offrir une ouverture.

I) Affronter les biais cognitifs

La croyance en un monde juste peut être considérée comme la base ô combien trompeuse de nombreux biais de comportement[97]. Or, vouloir aller à l'encontre de cette croyance est d'autant plus difficile qu'il s'agit effectivement d'une « croyance » caractérisée par un enchevêtrement d'attaches religieuses, d'idées acquises et d'espoirs souvent déçus.

On peut alors rappeler la juxtaposition entre les conceptions bismarckiennes et beveridgiennes de ce qui « devrait » revenir à chacun, selon ses droits acquis (Bismarck) ou ses besoins (Beveridge). Avec quelque recul, on peut alors reposer la question du « monde juste ». Néanmoins, ce qui semble inhérent est tout de même chez de trop nombreux citoyens la défense du statu quo ante, ce qui traduit un immobilisme paralysant. Les problèmes que crée celui-ci au plan de la politique et de la régulation, ne sont que trop bien connus.

Or, qu'il nous soit permis de rappeler dès maintenant des considérations figurant au début de cette Étude : vaincre l'immobilisme signifie de « faire des pas » - en avant, si possible – et crée donc un danger physique aussi bien que psychique d'instabilité, inhérent à la configura-

---

[97] Melvin Lerner, The Belief in a just World, A fundamental delusion, Springer, 1980

tion de l'être humain. Voilà de retour l'image du début de notre texte : « L'équilibre, cette chimère captive ».

Cependant, il incombe à ceux qui sont conscients de la régression implicite qui habite cette attitude de faire valoir dans la vie quotidienne aussi bien que dans le contexte macroéconomique et politique, qu'en dépit des souffrances qu'a apportées le XXe siècle, le mouvement voulu par les uns et accepté par les autres a eu raison dans une certaine mesure de l'immobilisme qu'il s'agit toujours de combattre.

Les crises et bulles financières récentes sont par ailleurs les meilleurs exemples d'occasions manquées d'agir tant que « la casse » aurait pu être évitée. C'est donc aujourd'hui, en étant à la fois plus vigilants et ensuite plus décidés, que les milieux de la finance et les responsables politiques devraient mettre à profit les enseignements d'un passé encore très proche.

Que penser ensuite de l'*effet de dépossession,* fruit de la théorie des perspectives (prospect theory)[98] ? Ici encore, l'appréciation qui fait suite à de nombreuses études empiriques de la part des auteurs cités et d'autres, sont concentrées sur le contexte financier, bien qu'on puisse traduire les résultats sur un plan plus général des comportements.

Il est ainsi presque curieux de constater que la satisfaction qui découle d'une décision d'investissement n'est pas en premier lieu le fruit du résultat obtenu. Ainsi, l'investisseur *redoute* de regretter une décision de vente, même si le titre en question est devenu tout sauf prometteur. Ce constat est quelque peu atténué par le fait qu'en vertu des études de cas menées, il s'avère que

---

[98] Handbook of behavioral Finance,, Ch.4, Suzanne O'Curry Fogel and Thomas Berry, The disposition effect and individual investor decisions: the roles of regret and counterfactual alternatives (2010).

l'investisseur conseillé par un courtier vit des expériences moins sévères dans ce contexte. Il reste que les décisions de vente demandent généralement plus de temps que les décisions d'achat, ce qui – traduit sur un plan plus général – veut dire que le fait « de lâcher prise » est vécu plus durement que le fait de se saisir de quelque chose que l'on ne détient pas encore.

Le lecteur constatera qu'à partir d'ici, nous entrons dans des eaux assez profondes. Comment influer sur le monde de la finance, si le désir de posséder est aussi fort ? Malheureusement, on sera amené à invoquer un sentiment rejeté en apparence et néanmoins omniprésent : celui de l'égoïsme.

Au plan individuel, on peut envisager un courtier qui recommande fortement l'achat de tel titre, en précisant qu'il ne sera bientôt plus disponible. Dans le contexte personnel et microéconomique, il sera alors fait appel à un certain courage qui ira nécessairement de pair avec l'acceptation d'un risque portant sur une rentabilité non assurée. Il est alors à espérer que de telles décisions créeront au plan macroéconomique des plateformes de croissance et avec elles des créations d'emploi.

Pour ce qui est du *biais de reflet,* il semble poser un problème particulier, dans la mesure où il est sans doute vrai que le comportement qu'il traduit n'obéit pas à la logique dans son interprétation courante. Néanmoins, on est en droit de se demander si l'attitude ainsi traduite n'est pas empreinte d'une certaine sagesse économique. Le raisonnement ayant été exposé antérieurement, on apprend que lorsqu'une perte certaine est opposée à une perte supérieure incertaine, l'agent économique se tournera vers la perte incertaine.

Que faut-il alors penser de la sensibilité décroissante qui est invoquée ? On ne va pas la nier, mais elle mérite d'être assortie d'une réflexion moins négative :

l'actionnaire qui apprend que la société dans laquelle il a investi va de plus en plus mal, de sorte que la valeur de ses actions sera de plus en plus faible. Dans ces conditions, il peut souhaiter – et de tels cas se sont produits – que l'on fasse « table rase », que la faillite administrative soit déclarée et qu'une restructuration permette de repartir à zéro. Il se peut alors qu'un premier lot d'actions provenant de la nouvelle capitalisation soit réservé aux anciens actionnaires.

S'il est vrai qu'un tel procédé est plus fréquent aux Etats-Unis, du fait d'un opprobre moindre envers les faillis, il se rencontre aussi en France avec, souvent, de solides supports venus d'autres pays dans la perspective de participations ou de rachats prometteurs.

Voyons ensuite les possibilités de contrecarrer le *biais de cadrage*. Insistons d'abord sur le fait qu'on est ici souvent à la limite de la légalité, parce que le mode de présentation des données d'une entreprise peut être tel que non seulement le néophyte, mais aussi le connaisseur (ou supposé tel par lui-même et par d'autres) sera induit en erreur. Il sera alors légitimement fait appel à l'abus de confiance, surtout lorsque de tels comportements figurent dans des dossiers publicitaires.

Comme il a été souligné au paragraphe précédent, nous sommes loin de l'invariance descriptive conduisant aux mêmes préférences. Or, le biais du cadrage doit être interprété avec une certaine subtilité : du moment où il ne saurait être question d'un manque d'honnêteté au plan de la quête d'investisseurs, ceux-ci peuvent effectivement arborer des perspectives variées découlant à la fois de l'importance de leurs portefeuilles et de leur propre interprétation des fondamentaux.

En somme, nous estimons qu'il n'est guère possible de présenter des perspectives financières d'une façon neutre. En effet, si tel était le cas, le concept de l'*equity,* du capital à risque, perdrait beaucoup de sa substance. L'interprétation de toute situation financière donnée impliquera toujours une part d'incertitude, au-delà de la tendance lourde qu'on pense apercevoir.

Pour suivre l'ordre de l'exposé, regardons ensuite le biais figurant sous le nom d'*heuristique d'ancrage.* Comme il a été indiqué, l'« ancre » est un premier choix devant subir des adaptations au fil du temps. Or, l'heuristique signifie ici que l'investisseur « se cramponne » en quelque sorte à l'ancre choisie, l'image suggérant son espoir de ne pas se noyer. On sait que cet espoir est souvent déçu

Ici encore, le recours à un courtier avisé peut s'avérer positif et donc profitable pour l'« l'investisseur du dimanche », sauf s'il insiste pour donner des ordres rocambolesques à son courtier.

Concernant le cadrage en matière de rentes (« annuity framing »), on peut estimer que le Régulateur aurait son rôle à jouer, puisqu'il s'agit d'une catégorie généralement sensible de la population : les retraités. De nos jours, cette catégorie n'a en effet plus de rapport avec ce qui faisait jadis la mauvaise réputation de la France en tant que « pays de rentiers » hébergeant des couples avec un enfant et gardant soigneusement ses acquis. Aujourd'hui, la « décumulation » sert de complément aux retraites en moyenne trop faibles pour permettre le maintien du niveau de vie acquis pendant la période d'activité. Se défaire au moins partiellement de ce qu'on a réussi à construire pendant des décennies, permet par ailleurs souvent de venir en aide à des enfants adultes et dont le démarrage dans une vie autonome est laborieux et souvent douloureux.

Ainsi, les autorités financières auraient un rôle plus important à jouer en matière d'information et aussi en soutenant plus activement ces titres qui pèsent directement sur la consommation et donc indirectement sur la croissance.

Enfin, vouloir agir sur le comportement des Traders semble au départ être une entreprise vouée à l'échec, tant ils passent pour des « électrons libres ». Il serait nécessaire de faire comprendre à ces agents très particuliers que même si leur activité relève de la sphère privée, leurs agissements, et surtout leurs errements, jaillissent sur l'ensemble de la communauté nationale.

Un passé récent a illustré à loisir les conséquences de ce que nous avons appelé *l'effet de gel* ; elles ne dépassent non seulement les propres intérêts des Traders, mais aussi le cadre de la branche qui est la leur. Il est certes banal de rappeler que les erreurs des Traders sont finalement payées par le contribuable, mais ceci justifie naturellement un droit de regard de la part des autorités, qu'il s'agisse d'instituts financiers privés ou publics.

Nous rencontrons alors la problématique générale de la surveillance de la sphère financière qui n'est point rendue plus facile du fait de la forte imbrication entre les milieux financier et politique, ce qui vaut pour les organisations footballistiques et d'autres entités moins en vue.

Or, il n'est même pas certain que de mauvaises expériences, qu'elles se situent dans la micro- ou dans la macro-sphère, laissent des traces servant d'avertissement à l'avenir, ce dont répond une lourdeur certaine des prises de conscience et plus encore des réactions à mettre en œuvre.

II) Se saisir des biais motivationnels

Ensuite, comment agir sur les biais motivationnels, si tant est que ce soit possible ?

Concernant l'*effet de halo,* on pense d'abord à l'environnement médiatique qui ne cesse de nous fournir des exemples en la matière, même si certains sont plus reluisants que d'autres (que le lecteur veuille excuser le calembour…). Au temps de l'Internet, on pourrait croire que rien n'échappe à l'information, que tout est porté à la connaissance du public, mais en dépit de cette mise à nu de tout ce qui peut être su et dit au sujet d'un contexte ou d'un individu, la stupéfaction qui nous frappe fréquemment à l'annonce de tel ou tel événement, témoigne de la sélectivité, et ainsi des *biais* qui nous accablent.

A première vue, il semble en effet illusoire de vouloir aller à l'encontre du biais de halo, tant il parait enraciné dans la vie à tous les niveaux. Or, même si nous débordons ici la sphère financière, on ne peut que saluer le rôle joué par la presse hétérodoxe et/ou périphérique. En effet, le démantèlement ou la déconstruction de profils individuels ou pluriels peut être salutaire, en espérant qu'elle ne déclenche pas des événements dramatiques au plan politique et humain.

L'*illusion de transparence* mérite à son tour d'être considérée comme un facteur défavorable, et ce non seulement au plan des relations humaines individuelles. Dans ce dernier cas, il semble en effet difficile de viser des orientations de comportement moins biaisées, étant donné que chacun « voit ce qu'il veut bien voir ».

Néanmoins, nous rencontrons ici une composante macroéconomique qui peut permettre d'agir, si tant est que les milieux directement concernés y consentent. Il s'agit du régime de change, traité sous cet angle entre autres par Sebastian Edwards[99]. Suivant cet auteur, les pays qui ont un régime de change parfaitement fixe ou complètement flottant bénéficient d'une transparence qui peut servir de support à une certaine stabilité de leurs économies.

---

[99] S. Edwards, Exchange Rate Regimes, Capital Flows and Crisis Prevention, University of California, Los Angeles and NBER, oct. 2000, revised sept. 2001

On peut estimer que cette transparence peut valoir au premier degré, mais peut-être pas au-delà.

L'apparente clarté ainsi effectivement créée peut s'avérer quelque peu unidimensionnelle, si l'économie réelle ne semble pas être en phase avec les repères monétaires choisis.

Ainsi, un taux de change fixe ne saurait avoir cette qualité de transparence que par rapport à *une autre monnaie,* étant donné que toutes les autres monnaies évolueront différemment. Les exemples des liens entre de nombreuses monnaies et le dollar US ont donné lieu à des tensions entretenues par le fait que les agissements des responsables « *à monnaies rattachées* » étaient souvent difficiles à comprendre pour ceux en charge de la gestion monétaire du pays dont la monnaie sert d'ancre. L'accusation du nationalisme n'était alors jamais loin…

Ainsi, la Chine a maintenu un taux de change fixe par rapport au dollar US pendant la récente crise en Asie, en imposant en même temps des règles sévères à la gestion du compte de capital. On peut estimer que cette politique était salutaire, mais il s'agissait là de mesures d'une durée relativement courte qui ne saurait donc être maintenues en règle générale.

À l'opposé, un régime de change parfaitement flottant expose le pays à des soubresauts difficilement maitrisables, le plus souvent conjoncturels, et donc également décalés par rapport aux fondamentaux. La stabilité d'une telle politique est donc toute relative, en ce sens que des mouvements violents de la devise concernée peuvent être trop éloignés d'une moyenne qui pourrait être considérée comme adaptée.

De sorte qu'une politique « du juste milieu » ne devrait pas être considérée comme un pis-aller en matière de transparence. Celle menée par la BCE se veut adaptable dans l'intérêt de l'ensemble des pays membres ; il reste la question de savoir si elle est de ce fait « transparente ».En effet, il faut tenir compte aussi du fait que la *gestion monétaire* relève certainement de la BCE, mais que les décisions allant au-delà doivent être prises par les gouvernements des pays membres.

Or, en poursuivant cette réflexion, il est justifié de poser la question de savoir si une politique monétaire et financière « transparente », voulant dire prévisible, n'est pas contreproductive justement en vertu de ce fait.

Concernant le *biais d'attribution*, il est d'essence prudentielle et s'adresse donc à l'intérêt d'un individu directement perçu au sens de l'*homo economicus,* contrairement au concept de l'*homo communitatis* qui se sent appartenir à un ensemble. Une fois de plus, on déborde ici la sphère financière et économique en général, que le sujet soit examiné sous l'angle micro-, méta- ou macroéconomique.

Au plan microéconomique, l'exemple cité précédemment demanderait beaucoup de hauteur de vue pour être battu en brèche, et fait appel au support de la part de celui qui est considéré comme étant à l'origine d'une injustice, ou perçue comme telle.

Le contexte méta-économique peut être une configuration de groupe, le plus souvent industriel ou bancaire. Des exemples récents[100] témoignent des juxtapositions d'attribution où le concept de « justesse » ou même de « justice » est fréquemment invoqué, alors que la « raison économique » est appelée à la rescousse pour justifier les décisions finalement prises.

Pour ce qui est de la branche bancaire, certaines entités et le Crédit Mutuel notamment, cherchent à démanteler

---

[100] Cf. La confrontation Siemens-General Electric concernant la branche Énergie, qui s'est soldée à l'avantage de la Société US, avec l'assentiment des décideurs politiques, cf. infra, dans le contexte de la régulation.

astucieusement le biais d'attribution en affirmant une différence fondamentale par rapport aux banques concurrentes : la banque n'appartient pas à des détenteurs restant dans l'ombre d'une opacité certaine, mais à très juste titre aux détenteurs des comptes. Les Assemblées générales devront alors convaincre les déposants de la pertinence du propos.

En enchaînement à ce qui précède, on rejoint la sphère macroéconomique, dans la mesure où les évolutions sur le plan industriel et bancaire impliquent sinon la participation directe, du moins le regard et/ou le contrôle de la part des autorités publiques.

Toute appréciation d'une situation quelle qu'elle soit devient alors très délicate, du fait que les choix macroéconomiques et donc politiques posent le problème des choix éthiques que l'on dit (trop) souvent absents de la sphère politique. Le soutien fourni aux pays en voie de développement est peut-être le meilleur exemple de la problématique d'attribution qui aura toujours du mal à échapper au biais inhérent.

Or, si l'irrationalité avec ses multiples facettes est une composante primordiale de la science financière vue sous l'angle de la science comportementale, l'exposé du fonctionnement des marchés financiers doit intégrer d'autres considérations dont les origines sont plutôt lointaines, mais dont les excroissances – ou plutôt les fruits toxiques – nous encombrent toujours.

2. Le nécessaire rejet de l'aléa

Soulignons d'abord le fait que comme lors du traitement du problème de la rationalité, il ne saurait s'agir d'un relevé chronologique ou systématique des recherches dont nous disposons, mais de la tentative de s'appuyer sur des résultats acquis pour échapper désormais aux cataclysmes financiers survenus.

Le spectre du mouvement brownien

Dans le contexte présent, il faut d'abord faire mention d'un concept de comportement qui continue de hanter la science financière, c'est-à-dire le modèle du *mouvement brownien.* En effet, le botaniste Robert Brown avait développé ce modèle en 1827 pour décrire le mouvement de molécules dans un fluide. Ses développements s'adressent avec succès à la thermodynamique des gaz, mais il n'en est pas de même lorsque le modèle doit expliquer le comportement des marchés financiers, et surtout des cours boursiers.

Il convient de préciser que l'adaptation du modèle du « mouvement brownien » au monde de la finance date de Louis Bachelier dont la Thèse soutenue en 1900 avait été accueillie avec une hésitation certaine.

Or, si Bachelier avait estimé que le modèle, calqué sur le mouvement d'une molécule dans un milieu homogène, était de nature gaussienne avec une moyenne égale à zéro et une variance étant une fonction du temps, une telle transposition se heurte à plusieurs obstacles qui seront exposés par la suite.

Pour rendre justice à l'auteur, il ne faut pas oublier que son monde, que ce soit celui de la biologie en mouvement ou celui de la finance en effervescence, était un monde sans ordinateur. Cet outil lui aurait permis de réaliser les tests nécessaires pour s'apercevoir des incohérences. Hélas, nous constatons qu'aujourd'hui, alors que nous disposons de supports informatiques puissants, les pierres d'achoppement de l'analyse continuent d'être largement esquivées par les défenseurs d'un monde qui se veut rassurant, ne serait-ce qu'au plan de la finance.

Néanmoins, avant de nous pencher sur ce qui, de façon convaincante, barre le chemin de la transposition, il n'est pas interdit d'évoquer le fait que déjà dans le contexte de la biologie, Louis Bachelier avait situé son expérience dans un milieu homogène et « uniformément chaud ». Jeter à partir de ce milieu un regard sur le monde – ou le milieu – de la finance peut faire sourire. Qui plus est, la « grosse molécule » brownienne qui rencontre de « petites molécules » évoque des bouleversements qui se produisent sur les marchés financiers à partir d'événements à première vue mineurs.

Ensuite, l'image du déplacement en ligne droite de la grosse molécule entre deux chocs, ainsi que la dynamique du mouvement, parait bien inadaptée au contexte financier, et ce même du point de vue de l'interprétation néoclassique.

À partir d'ici, et en mettant entre parenthèses les particularités du mouvement brownien, il convient de situer sur un plan plus général les trois concepts qui nous paraissent les plus discutables au plan de l'analyse financière :

Indépendance, stationnarité et continuité[101]

I) La supposée indépendance

Ainsi, le premier problème qui se pose est celui de l'*indépendance.* Ce postulat n'est facile ni à affirmer ni à infirmer. En effet, lorsqu'on invoque l'indépendance, une analyse superficielle permettra toujours de prétendre que telle évolution des prix d'une action va en sens contraire non seulement de la tendance générale des prix boursiers, mais serait surprenante encore à la vue du chemin déjà parcouru par l'action.

Or, le fait pour une action de se situer au-dessus de l'évolution de la moyenne des cours (on parle alors d'un « ß positif ») peut être imputable à des influences multiples : dans le cas d'une entreprise, au fait d'un rachat réussi d'une autre entreprise ou à la reprise par une société d'excellente réputation ; lorsqu'il s'agit d'une augmentation de capital, ceci peut concerner une société de production aussi bien qu'une banque.

Ces évolutions peuvent durer, et elles forment une constellation qui risque à son tour d'être détachée des fondamentaux de l'entité en question.

Les recherches de Mandelbrot[102] témoignent avec beaucoup de recul du fait que l'évolution des prix boursiers n'est jamais gaussienne et comportant une suite indépendante du contexte social. Les événements récents qui ont frappé la société Volkswagen furent suivis d'une baisse des cotations, plus marquée encore du sceau de l'immoralité que de celui de la perte réelle des actifs.

Une société exploitant des mines de cuivre dans un pays d'Amérique du Sud peut être florissante et accuser

---

[101] B. Mandelbrot, Fractales, Hasard et Finance, Champs Flammarion, 1997, Troisième Partie

[102] Cf. note 20, graphique p. 7

une tendance ascendante des cours en Bourse, jusqu'au jour où l'actionnaire majoritaire (US ou européen) se retire pour des raisons qui lui sont propres, telles qu'une forte baisse de la demande de ce minerai.

II) Le piège de la stationnarité

Pour ce qui est ensuite de la *stationnarité* prétendue des cours, elle signifie que le processus responsable des variations reste inchangé au fil du temps.

Ainsi, la stationnarité statistique est un concept mathématique qui définit une invariance des comportements. On s'appuie alors sur l'échelle d'observation qu'on est en droit de modifier, alors que les structures du modèle, qu'elles soient spatiales ou temporelles, évoluent.

On voit bien que le support de la stationnarité facilite l'élaboration de modèles financiers, de sorte que le caractère rassurant des hypothèses néo-classiques se fait jour ici encore.

III) La continuité perdue

Vient ensuite la question de la *(dis)continuité.* Le modèle du mouvement brownien insiste sur la répétition et la loi des grands nombres, et il est conforté en cela par l'affirmation d'Alfred Marshall bien connue qui veut que « *natura non facit saltus* ». Or, si le concept de la continuité est difficile à manier, ceci est justement dû au fait qu'Alfred Marshall parle bien de « la Nature » et point de l'*homo economicus.*

Or, avant de poursuivre l'examen au plan proprement financier, une réflexion de portée plus générale peut constituer un support au débat.

En effet, l'homme – si on veut bien l'intégrer dans la Nature – n'a pas bondi subitement de la station à quatre pattes à celle à deux… jambes, disons. Le passage était laborieux et certainement pas bienfaisant à cent pour cent, lorsqu'on considère le nombre de maladies que nous connaissons aujourd'hui et qui sont dues justement à la station debout.

Certes, l'image qui surgit alors est celle de la transformation due à Jean-Baptiste Lamarck, et il est difficile pour ne pas dire aventureux, d'y voir une continuité ou son contraire. On peut estimer que la rupture, ou si on préfère la discontinuité, se révèle plutôt chez Georges Darwin dont la « sélection naturelle » apparait comme une rupture, ou si on préfère un bond, à l'intérieur de l'espèce.

Qu'il soit permis à l'auteur de l'étude de suggérer ici avec un grain de cynisme, que cette « sélection naturelle » ressemble à l'idée des préposés à l'enrichissement, entendez les capitalistes de Karl Marx, qui ont réussi à faire « un bond de côté » par rapport à la masse des humains.

Quoi qu'il en soit, en matière de prix, la discontinuité est avérée. Certes, la rencontre entre l'offre et la demande va déterminer le prix, y compris les cours de Bourse, mais les motivations ne sont guère exclusivement objectives. Ainsi, si les facteurs objectifs peuvent témoigner d'une certaine continuité, l'évolution dans son ensemble est battue en brèche par les anticipations qui peuvent accuser des sauts du côté des demandeurs aussi bien que de celui des offreurs.

On peut citer en exemple les grèves du mois de Mai 1968 où on a pu voir des ménagères vider les magasins d'alimentation de sucre, dans l'attente d'une pénurie durable et d'une économie de guerre. Du côté de l'offre, aujourd'hui comme hier, des « mouvements sociaux » dans un pays en développement fournisseur de certaines matières premières peuvent déclencher des vagues d'approvisionnement excessif tant que la marchandise reste disponible.

Par ailleurs, comme l'indique B. Mandelbrot (cf. note 22), l'indépendance des prix leur impose une discontinuité dont l'exposé technique dépasserait le cadre de l'Étude.

Il est alors surprenant que les preuves empiriques apportées par les chartistes, de la discontinuité de l'évolution des prix boursiers, n'aient pas donné lieu à des rectifications importantes des hypothèses inhérentes au mouvement brownien, au plan de la finance.

Cette constatation vaut autant pour certains modèles, comme celui développé par G. Bates[103], qui n'a pas non plus bénéficié d'un écho remarquable.

L'orientation chartiste

Concernant les recherches des chartistes, il faut faire mention de la spécificité de leur orientation. À la différence de l'analyste des fondamentaux, le chartiste se livre à une analyse graphique de la courbe des cours boursiers. Son travail est essentiellement orienté vers la prévision. Il prévient les spéculateurs de ce qu'il pense être des signaux de retournements à venir. Concrètement, il s'agit de signaux d'achat et de vente. Bien entendu, ce ne sont que des hypothèses qui parviendront aux Traders qui prendront des positions s'ils estiment l'interprétation des chartistes comme étant pertinente.

---

[103] George E. Bates, Investment Management, McGraw-Hill, 1959. Ce modèle établit un lien entre le PER (price-earning ratio) présent et le PER futur d'une action ou autre titre après un nombre d'années déterminé, en fixant des hypothèses respectivement pour le taux de croissance des BPA (bénéfice par action), des taux de distribution de dividendes au cours de cette période et le taux de rentabilité exigé par l'actionnaire. Le modèle fixe les dividendes et les BPA à un taux de croissance constant, le taux de distribution des dividendes étant également supposé constant.

On verra ci-après qu'il est étonnant d'observer l'attachement du *main stream* de la théorie économique au concept de continuité, alors que les travaux des chartistes s'inscrivent sans ambigüité dans une orientation différente.

En effet, les chartistes ont non seulement constaté des « gaps » fréquents dans l'évolution des cours, ils ont défini au moins quatre catégories de ruptures, ou de véritables lacunes[104].

Les causes peuvent être très différentes et même opposées, ouvrant parfois des perspectives quant à l'évolution future.

Le gap commun. C'est en quelque sorte le plus « anodin ». Il se produit sur des marchés sans tendance marquée, et il se peut que les volatilités ou les volumes des transactions soient très réduits. Il n'y a pas ici d'effet à long terme, et les cours reprendront habituellement au niveau atteint préalablement.

Le gap de rupture (breakaway gap). Un tel gap signale une rupture de tendance du marché du titre, sinon du marché dans sa globalité.

Dans ce dernier cas, les fondamentaux seront en cause, du fait qu'en dépit du détachement trop souvent constaté, des cours de bourse par rapport à l'économie réelle, les évolutions différentes des deux composantes ne pourront durer qu'un temps, de sorte que la bourse sera bientôt désemparée devant les divergences constatées et « retiendra son souffle ».

Lorsque la rupture ne concerne qu'un seul (ou plusieurs) titre(s), on pourra accuser le sous-jacent, qui peut en effet évoluer différemment que la moyenne du marché à un moment donné.

---

[104] Zone bourse, Les gaps/ Formation Bourse/ Zone bourse

La situation devient plus complexe encore dans le cas des produits dérivés qui suppose l'évaluation présente d'un actif dont le prix n'est connu que pour une date future. Nous avons alors affaire à une « espérance conditionnelle », ce qui veut dire le maintien de l'optique probabiliste.

Un *gap historique* et devenu anecdotique, est celui qui témoigne de la déroute du modèle Black-Scholes visant l'évaluation des options d'achat (call) ou de vente (put) d'un actif sous-jacent. La probabilisation des fonctions s'était en effet avérée désastreuse pour de nombreuses transactions financières.

On peut ajouter que si une nouvelle tendance est avérée, le « comblement » du gap ne saurait être que partiel, sinon l'existence d'une tendance véritablement nouvelle serait justement reniée.

Le gap de continuation (runaway gap). L'hypothèse est ici qu'il existe une tendance sur le marché, et le fait du « runaway » va confirmer cette tendance. Lorsque la tendance est haussière, des rumeurs d'une hausse exceptionnelle à venir peuvent faire en sorte qu'ici encore un comblement ne puisse être que partiel, pour ne pas bouleverser l'image.

A titre d'exemple, on peut envisager des anticipations de conflits armés dans certaines zones du monde, ce qui dans un premier temps supporte une tendance haussière des titres de sociétés d'armement concernées ; au moment de l'éclatement effectif du conflit supposé d'une durée certaine, ceci peut créer le phénomène du *runaway gap.* Le lecteur est prié d'excuser le cynisme porté par l'image de fuite…

Le gap terminal (exhaustion gap). Comme son nom l'indique, ce gap fait croire au fait que « tout va rentrer dans l'ordre », c'est-à-dire qu'il semble exister une sorte de consensus au plan des acteurs de bourse, pour constater que la tendance antérieure ne saurait durer et que donc le comblement du gap témoigne d'une appréciation fondamentalement nouvelle concernant la valeur du titre.

Ainsi, les différents « gaps » confirment une fois de plus le fait de l'absence de fonctions probabilisables, et donc la possibilité d'exercer une influence sur le déroulement des transactions boursières, en la présence du capital à risque dans toute économie de marché.

Pour reprendre l'image du pot de fleurs, même s'il semble préférable de le placer sur la petite table du salon, il devrait au moins être retenu par de solides attaches.

Or, avant de traiter précisément les besoins de modélisation des flux financiers et de leur régulation présente et future, il peut être intéressant de jeter un regard succinct sur les débuts de la théorie financière et de faire allusion en pointillé à son évolution, avant d'affronter la problématique telle qu'elle se présente actuellement.

On constatera chemin faisant que même si la technologie du 21e siècle offre des possibilités nouvelles aux transactions à entreprendre, le bien-fondé juridique aussi bien qu'économique des démarches à effectuer n'en sera que peu modifié.

Quant à la Bourse en tant qu'institution, il serait peu réaliste de préconiser sa disparition, de sorte qu'il s'agit plutôt de la question de savoir comment l'économie de marché pourra mieux vivre avec ce levier.

Le paysage présent (www.prorealtime.com)

3. Rationalité et efficience

Étant donné la distance de l'interprétation du fonctionnement des marchés financiers, entre le courant néo-classique et l'analyse comportementale, il est indiqué de reprendre ces deux orientations pour tracer des voies qui pourront être moins cahoteuses que celles vécues par le monde financier jusqu'ici.

À ce propos, il parait intéressant de reprendre le raisonnement du « père » de la science financière, Eugène F. Fama dont la pensée semble par ailleurs avoir évolué bien davantage que les Manuels ne veulent le reconnaître[105].

L'hypothèse de l'efficience des marchés (HEM) défendue par le courant néo-classique, est au centre de son modèle et implique les trois versions suivantes :

Il distingue d'abord une forme faible de cette efficience qui veut que les prix se forment instantanément sur la base de toutes les informations publiquement disponibles et donc « historiques ».Il est alors impossible d'en profiter pour « battre le marché », et toute tentative de régulation est en conséquence inutile et même nocive.

Ensuite, la forme semi-forte de l'efficience s'appuie en plus sur toutes les données provenant des entreprises, incluant les dividendes, les comptes financiers, etc. Ainsi, dès

---

[105] E.F. Fama, The Behavior of Stock Market Prices, Thèse 1964, publication 1965

l'annonce d'une nouvelle information, le cours des titres est censé fluctuer pour trouver ensuite son nouveau niveau. Ici encore, il ne serait pas utile de fonder des prévisions sur des informations connues, puisque le prix en tient déjà compte.

La forme forte de l'efficience suivant Fama est intéressante en ce sens qu'ici les prix incorporent non seulement toutes les informations publiques d'où qu'elles viennent, mais aussi les informations privées. Si l'idée du rejet de la Régulation comprend ce stade, on aboutit nécessairement à la conclusion qu'il ne peut y avoir de délit d'initié.

Or, on peut estimer que même à l'époque où Fama a rédigé ce premier texte important, ce délit existait en fait déjà. En effet, pourquoi les investisseurs auraient-ils été plus vertueux dans les années soixante qu'aujourd'hui ?

Rappelons que l'AMF (Autorité des Marchés Financiers) a été créée précisément pour combattre le délit d'initié, initiative prise plutôt tardivement (1987) pour freiner un libéralisme économique débordant. Ainsi, le rôle du Régulateur est admis « en marge », pour freiner les excroissances trop visiblement dérangeantes de la vie des affaires.

Ceci ne change rien au fait que dans la conception néoclassique les cours futurs restent imprévisibles, ce qui vise à valider le principe de la marche aléatoire. La fonction de celle-ci sera donc normale ou log-normale, avec une moyenne et une variance « généralement » finie. On peut en effet supposer, en suivant la théorie d'efficience des marchés financiers, que le risque est mesuré en tant qu'écart-type des revenus. Le gain doit être maximal pour un niveau de risque donné et se situer en tous les cas à l'intérieur d'une fourchette assez étroite.

La fonction ainsi supposée gaussienne signifie en outre que les changements des prix ne sont pas liés entre eux, une prétendue indépendance contre laquelle nous nous sommes déjà inscrits en faux au paragraphe précédent.

Faisant un clin d'œil à l'exposé de la Première Partie, il faut souligner que Fama a défendu l'HME à bon escient, c'est-à-dire non seulement « pour elle-même » et restant donc circonscrite dans le cadre de la science financière. Assez tôt, il a fait remarquer que si jamais on s'apprêtait de rejeter la notion d'efficience des marchés financiers, ce serait la fin du modèle de l'équilibre général, l'information constituant le facteur déterminant les prix.

Néanmoins, Il faut croire que le doigt ainsi levé par Fama a plutôt encouragé les études visant le démantèlement de l'HME dans son ensemble. On peut citer à ce propos les travaux d'Andrew W. Lo et A. Craig MacKinlay, ainsi que plus récemment ceux de Benoît Mandelbrot et R. Hudson. Au fil du temps, ils ont composé une construction nouvelle des imbrications et ainsi du fonctionnement des marchés financiers[106].

Or, si la défense de l'HME peut ressembler à une sorte d'acharnement, elle doit être vue devant la toile de fond de l'ensemble de la théorie économique du « main stream » qui persiste à installer un paravent non seulement devant les constatations ironiques avancées par J.M. Keynes[107] qui parle de la« uncontrollable and disobedient psychology of the business world », mais aussi devant certains avertissements d'A. Smith signalés dans la Première Partie.

La raison de cette persistance résulte en effet des avertissements de Fama : si les marchés ne sont pas (essentiellement) efficients, l'équilibre général non seulement vacille mais s'effondre, aucune véritable coexistence entre les deux paradigmes n'étant possible.

---

106 A.W. Lo and A. Craig MacKindlay, Stock Market Prices do not follow random walks. Evidence from a simple specification test, The Review of Financial Studies, 1988, 1-41-66

107 J.M. Keynes, The General Theory of Employment, Interest and Money, 1936, reprint 1961, chapter 22, p.317.

D'où l'impossibilité d'échapper à l'ensemble de la configuration néo-classique, du moment où on accepte l'une ou l'autre de ses composantes, en vertu de l'imbrication, voire de l'inséparabilité des concepts :

« *La rationalité économique accueille la notion d'efficience* »[108]

La rationalité économique est ainsi une nébuleuse et en même temps un carcan auquel l'efficience des marchés financiers ne saurait échapper. Les très nombreux biais, cognitifs et motivationnels, qui s'opposent à la rationalité, constituent au départ un obstacle qui s'oppose à l'efficience.

Il est ainsi manifeste que le cadre institutionnel actuel attribue au Régulateur la part du pauvre. Néanmoins, des perspectives récentes sauraient ouvrir des voies nouvelles.

---

[108] Nicolas Bouleau, L'efficience: une imposture scientifique réussie ?", Finance et Environnement, février 2013, cit. p. 8

4. Des perspectives nouvelles ?

Nous venons de constater que seule l'émanation du Régulateur qu'est l'AMF semble avoir quelque emprise sur le fonctionnement des marchés financiers. Or, en matière d'information, des considérations avancées depuis peu, notamment par James Gleick[109], montrent l'ensemble du problème de l'information sous un angle différent et original. Est-ce que cette vision pourrait fournir un meilleur levier au Régulateur, en attendant la possible concrétisation des recommandations du Comité de Bâle ? (cf. infra).

Or, au plan du modèle IANM dont il sera question par la suite, il s'agira de la différenciation entre une information transmise et un bruit (ou une rumeur) répandue. Néanmoins, pour rester momentanément dans un contexte plus général, on doit évoquer l'ouvrage de Gleick qui fait référence à des recherches visant l'opposition entre l'information et le désordre.

On peut en effet suivre ce raisonnement, dans la mesure où une rumeur constitue nécessairement un phénomène échappant par définition à tout cadrage.

Gleick fait référence ensuite à des auteurs pour qui *toute* information comporterait aujourd'hui une connotation négative[110]. En effet, nous serions noyés dans un

[109] James Gleick, Information, First Vintage Books Edition, mars 2012, ici p. 325
[110] James Gleick, op.cit. pp. 403/404

ensemble de faits, de contextes et de perspectives aboutissant à une sorte de « bruit total ».

Ce « bruit total » risque d'avoir des conséquences très négatives, dans la mesure où il entraînerait une perte d'autonomie et donc de responsabilité personnelle. Que faut-il en penser ?

Il semble naturellement trop facile d'accuser les médias, et de mettre en doute toute information ainsi transmise, puisque nous ne pourrons pas la vérifier personnellement. Il nous incombe donc de ne pas *recevoir* simplement l'information, mais d'essayer de la transformer en *connaissance,* en l'enrichissant de notre propre interprétation.

Ceci étant, si nous voulons admettre la juxtaposition entre l'*information* et le *bruit*, que ce soit dans le contexte financier ou par ailleurs, il va falloir chercher des délimitations, en vue de parvenir à des propositions de régulation financière, fut-ce à l'aide d'interfaces et/ou de pondérations. En effet, étant donné la nature du marché financier, une autorégulation reste une hypothèse excessivement optimiste.

Ainsi, on se tournera maintenant vers les acteurs principaux sur les marchés financiers, les Traders. On peut les subdiviser en *traders d'information* et *traders de bruit,* sans que cette séparation soit nécessairement étanche. Comme il apparaitra dans le contexte du modèle IANM ci-après, les Traders d'information agissent sur la base d'informations transmises, alors que les Traders de bruit se saisissent de rumeurs aperçues ou même créées par eux-mêmes.

Le terreau des Traders

On peut remarquer de façon liminaire que si les Traders ont de nos jours souvent mauvaise presse dans l'opinion publique, ceci est dû en bonne partie à la difficulté de visualiser leurs sources d'information. Quant à leurs agissements sur les marchés financiers, il sera procédé à une ventilation de l'éventail de leurs repères, pour se demander *in fine* si la situation actuelle inaugure d'évolutions de leur fonction.

En effet, une information peut d'abord concerner une Société déterminée cotée en bourse. Lorsqu'il s'agit d'une société appartenant au secteur réel, celle-ci peut faire savoir qu'elle a l'intention de déplacer certains de ses sites de production, qu'elle envisage d'innover au plan de ses produits ou qu'elle a trouvé des partenaires qui lui permettront d'élargir son rayon d'activité. Dans ce dernier cas, on peut s'attendre à ce qu'elle procède à une augmentation de son capital et qu'à ce propos elle offrira des actions nouvelles à ses actionnaires, ceux-ci bénéficiant généralement de conditions d'acquisition privilégiées. Cette évolution peut également entraîner une fusion avec une autre société.

La situation devient plus complexe lorsqu'il s'agit d'une Société financière, telle qu'une holding, dont l'évolution ne saurait certes point être détachée de ce qui se passe au plan du secteur réel, mais dont les agissements visent tout de même prioritairement l'orientation des flux financiers en tant que tels. L'intérêt des Traders de l'information n'en sera guère moindre pour autant, étant donné qu'ils guettent l'information en tant que telle, indépendamment de son soubassement.

Il s'avère par ailleurs que la réactivité des marchés est particulièrement rapide dans ce dernier cas, et que donc la transmission de l'information ou de la simple rumeur frôle l'instantanéité.

Or, les Traders de l'information vont réagir aussi à des nouvelles plus globales, qu'elles soient sectorielles ou concernant l'économie nationale ou internationale. Bien que cela puisse paraître sordide, les catastrophes naturelles entrainent inéluctablement un essor d'activité des branches de la construction, des transports et des soins de santé. Une réaction positive des titres concernés ne se fera pas attendre, ce qui vaudra également pour les économies nationales des pays industrialisés en cas de menace de guerre. Ainsi, les industries de l'armement ont été activement à la recherche de nouveaux débouchés après la fin de la guerre froide – débouchés hélas trouvés dans des pays du monde considérés jusque-là comme périphériques.

Il règne alors une sorte de logique anticipative qui constitue une composante paraissant comme naturelle dans une économie de marché. Elle peut être plus ou moins fondée, d'où le partage du modèle IANM entre *Traders d'information* et *Traders de bruit.* Il nous semble que le partage des deux catégories est très malaisé, avant tout à cause du fait qu'une rumeur peut évoluer vers une information de façon en quelque sorte contrainte et forcée, de par l'existence même de la rumeur.

Que conclure alors de l'évolution de la fonction de Trader ? Il ne saurait s'agir d'un profil très différent de celui d'aujourd'hui, à part le fait de l'intensification de l'usage des outils informatiques dont l'impact concerne l'ensemble de la vie, et non seulement celle des affaires.

Le modèle IANM (Information adjusted noise model)[111]

Le modèle IANM vise le démantèlement de la théorie néo-classique HEM pour lui opposer la configuration comportementale qui rejette l'idée d'un rééquilibrage

---

[111] V. Ramiah and S. Davidson, Information-adjusted noise Model : Evidence and Inefficiency on the Australian Stock Market, The Journal of Behavioral Finance, 2007, vol. 8, No. 4, 209 - 224

« naturel » au sens d'une efficience du marché. On verra que ceci est primordial lorsqu'il s'agira une fois de plus de poser la question de la nécessité d'une régulation plus avancée que celle que nous connaissons actuellement.

Concrètement, et contrairement au modèle MEDAF (Modèle d'Évaluation des Actifs Financiers), le modèle IANM accepte l'idée de perturbations importantes et permanentes émanant des spéculateurs attachés aux rumeurs, et il entend que les Traders informés vont tenter de les corriger, sans y parvenir complètement. Il pourra alors y avoir des « sur-réactions » et des « sous-réactions » dont on trouvera les détails dans l'article de Ramiah et Davidson.

Les symboles essentiels du modèle ont été maintenus sous leur forme anglo-saxonne (art. cité, pp. 210 – 212) de sorte que :

- ß désigne la part de la variation moyenne de l'erreur comportementale du marché, imputable aux Traders d'information ; β ‡ 0
- α désigne la variation moyenne de l'erreur comportementale du marché, imputable aux Traders de bruit
- BE = behavioral error (erreur comportementale), et
- IE = information event (arrivée d'une information).
- $\Delta BE_{it} = \alpha + \beta IE_{it} + \varepsilon_{it}$ désignant le changement de l'erreur comportementale concernant l'action « i » le jour « t »
- Lorsque $IE_{it} = 0$, il s'agit d'une journée sans arrivée d'informations nouvelles.
- Si α = 0, l'efficience du marché ne varie pas. Lorsque par contre α est différent de 0, le marché devient inefficient au sens comportemental.

Or, le modèle MEDAF n'admet pas le concept même des *Traders de bruit.* De sorte que le « ß » du MEDAF est biaisé, en ce sens qu'il surestime l'efficience des interventions des *Traders d'information* en vue d'un ajustement du marché aux valeurs « justifiées ».

Il résulte que BE_i, l'erreur comportementale, est fortement corrélée avec le risque du *noise trading,* de sorte que nous sommes devant l'inégalité suivante : $ß_i^B$ est le « beta efficient », sans risque de *noise trading,* alors que $ß_i^C$ est le « beta » du modèle MEDAF, la somme de $BE_i + ß_i^B$

Ces pierres angulaires du modèle IANM pourront suffire dans le contexte présent, pour souligner l'importance du rôle des *noise traders dans le cadre du modèle IANM.*

Partant de ces constatations, il sera maintenant possible de revenir sur le propos sous-jacent des auteurs, à savoir le comportement des investisseurs.

Eu égard de l'ASX (Australian Stock Exchange), les auteurs comparent deux indices, le MDI (Mums and Dads Index) et l'AOI (All Ordinaries Index). Ceci signifie que la comparaison porte d'une part sur le comportement des petits investisseurs individuels (« Mamans et Papas ») qui investissent dans les titres qu'ils connaissant parce qu'ils les rencontrent souvent dans les médias. Ils sont donc censés partir du principe que ces titres sont « sûrs » et ouvrent la perspective d'un bon dividende.

Ainsi, l'index de l'ensemble des actions négociées à la Bourse d'Australie(AOI), un magma diversifié, parait moins rassurant pour le petit investisseur.

Il faut d'abord souligner le fait que l'article de Ramiah et Davidson s'appuie sur une étude longue et très détaillée, relevant les évolutions quotidiennes et les juxtaposant à des arrivées également quotidiennes d'informations nouvelles ou d'absence de celles-ci.

La conclusion des auteurs est remarquablement prudente, ce qui témoigne de la profondeur de leurs analyses et de la fiabilité de leurs sources. Leurs évaluations conduisent au calcul des statistiques « T » dont la signification est rappelée ci-dessous.

La statistique « T » de Student concernant les deux séries, MDI et AOI, mesure l'importance de la différence des moyennes extraites de l'échantillon par rapport à la variation des données de l'échantillon, ou exprimée par la différence calculée en unités d'écart-type. Plus « T » est important (valeur positive ou négative) et plus il est certain que nous ne sommes pas en face de l'hypothèse zéro concernant l'évolution statistique des deux séries, et qu'elles sont donc effectivement différentes.

Dans le cas présent, le Tableau 2 (p.214 de l'article) comporte des chiffres qui témoignent d'une différence effective entre l'indice MDI et l'indice AOI. De façon pragmatique, les auteurs constatent que les *noise traders* se sont manifestés pendant 60% au cours de la période examinée.

Ramiah et Davidson soulignent également le fait que les sur-réactions aussi bien que les sous-réactions rendent difficile toute saisie précise du *noise trading.* Il s'y ajoute l'*effet Friedman* qui veut que toute réaction du marché accuse un certain retard.

La valeur négative de la statistique « T » permet en outre de conclure que la série MDI a été moins performante au cours de la période visée (1998 - 2002) que la série AOI. En conséquence, les petits investisseurs auront été « punis » de leur confiance en les valeurs phares dont la brillance apparente n'aura pas tenu ses promesses. Ainsi, leurs investissements eurent été mieux rémunérés s'ils avaient eu recours à des conseillers.

On peut donc estimer que l'indice MDI aura plus « souffert » du *noise trading* que l'indice AOI.

En conséquence, le modèle IANM met clairement en échec la théorie HEM et dément ainsi la rationalité des marchés financiers.

Plus près de nous au plan géographique, une autre étude a intérêt à figurer ici, puisqu'elle souligne également le rôle manifeste des *noise traders*.

Résumé d'un autre regard sur le 'noise trading'

Les données rassemblées proviennent de deux sources, une société de courtage[112] et la base de données TAQ ('Trade and Quote')[113].

Il peut être permis de supposer de la part des auteurs un *a priori* qui les amène à poser la question de savoir si les ménages et les initiateurs de petites transactions TAQ fondent généralement – au moins en partie – leurs agissements sur les rumeurs qu'ils perçoivent.

Les tests menés révèlent que les régressions comportent une forte composante commune, à savoir des pertes d'argent parallèlement à un faible appui sur les fondamentaux (art. cité, p. 19)

Or, pour les besoins d'une évaluation en termes de régulation requise (et donc *in fine* pour empêcher de nouvelles casses de pots de fleurs ou de pertes de fruits financiers), il importe de connaître l'intensité des transactions menées sur la base de rumeurs.

Ici, les auteurs procèdent à une hypothèse suivant laquelle les transactions des ménages sont équivalentes à des transactions à base de bruits jusqu'à un facteur d'échelle 'm' qui constituera l'inconnue de la fonction à évaluer. Or, même si on peut considérer cette hypothèse comme très forte, la compréhension des idées essentielles du modèle (dont l'élaboration détaillée doit être confiée aux lecteurs

---

[112] Nagler & Company, Financial Industry Consulting, Berlin, juillet 2013

[113] TAQ, NYSE Trade and Quoting Database, Department of Finance, intraday transactions data (trades and quotes)

familiers avec les méthodes économétriques), repose sur ce qui suit (pages 20 – 21 de l'article) :

La masse des transactions se compose de transactions à base de bruit et de transactions rationnelles, ces dernières comprenant à la fois des transactions non informationnelles et des transactions informationnelles. Les premières sont réalisées par des investisseurs rationnels pour résorber les chocs d'offre (ils vendent lorsque les 'noise traders' veulent acheter et vice versa).

Volume total des transactions ~ ½ [volume des transactions à base de $bruit_t$ + (volume des transactions non informationnelles + volume des transactions informationnelles)], le facteur ½ évitant le double comptage de transactions.

Etant donné la nature des transactions à base de bruit et des transactions non informationnelles, il vient :

– Volume total des transactions ~ volume des transactions à base de bruit + ½ (volume des transactions informationnelles)
– Comme 'm' est le facteur d'échelle,
– Volume total des transactions ~ 1/m (volume des transactions des ménages + ½ (volume informationnel des transactions).

Si on suppose ensuite l'absence de corrélation entre les transactions informationnelles et les transactions à base de bruit, la régression concernant le total du volume des transactions et le volume des transactions des ménages et d'autres petits investisseurs, le coefficient de pente sera l'inverse du facteur d'échelle 'm'.

L'analyse aboutit à la conclusion qu'un cinquième jusqu'à un tiers de l'écart-type du volume total des transactions correspond au 'noise trading'. Ceci confirme aussi bien l'orientation intuitive initiale que les résultats de l'application du modèle IANM.

5. La Bourse de Paris

D'un pays à l'autre, et plus encore d'un continent à l'autre, toute comparaison est certainement des comportements boursiers est hasardeuse ; elle sera néanmoins tentée.

Sachant qu'une étude comparable à celle qui porte sur la Bourse australienne n'existe pas pour la France, il s'agirait de retenir dans un premier temps deux indices pouvant faire figure de « MDI » et « AOI ».

En place du MDI, nous pensons pouvoir suggérer le CAC 40 qui réunit la grande majorité des titres phares, que les sociétés concernées soient majoritairement détenues par des partenaires étrangers ou non. En effet, les noms y figurant « font confiance », à tort ou à raison, et l'exemple du médecin qui prend quelques heures le dimanche après-midi pour « boursicoter » avec des résultats trop souvent décevants, est une image d'Épinal.

Or, il ne semble pas y avoir d'alternative plus rassurante, sauf celle de la renonciation et la préférence pour des titres tels que les Bons du Trésor ou des valeurs similaires, quant à l'absence du risque.

A l'opposé, il nous semble justifié de mettre à la place du AOI australien, le CAC All tradables, le successeur du SBF 250, un ensemble assez vaste pour réunir des sociétés de taille différente et moins connues du grand public

On constate qu'en dépit de l'apparente similitude de l'évolution des deux indices, la statistique « T » accuse pour la période 2014 - 2015 une forte différence entre les deux séries[114], à savoir un écart de - 13.5149815. Ainsi, le médecin français aurait mieux fait de prendre conseil avant de mettre en jeu son épargne durement gagnée.

En effet, l'année 2014 aura été médiocre pour le CAC 40, avec un recul d'environ 1,2%, de sorte que le champagne de fin d'année a dû avoir « un goût de mousseux » pour les investisseurs[115]. L'année 2015 aura été bien meilleure, avec un gain de 8,5%. N'empêche que l'évolution fut nettement plus positive pour le CAC All tradables, l'année 2014 s'étant terminée avec un gain de 3%, et 2015 ayant rapporté 11,6%.

Or, une étude sur une plus longue période, en tenant compte plus précisément des interdépendances à la fois entre les séries et les titres figurant dans chaque série, devra être menée par une équipe interdisciplinaire dédiée.

Il s'agira de confirmer *in fine* les conclusions des études déjà en présence, suivant lesquelles le *noise trading* est une réalité permanente, bien que variable suivant les périodes. Une telle situation est préjudiciable au plan micro- aussi bien que macroéconomique, puisqu'elle détache les prix des titres des fondamentaux.

En effet, nous avons assisté à une dégringolade hors du commun de l'action de l'un des principaux constructeurs automobiles français, suivie d'un retour très rapide du titre à un niveau assez « rassurant ». Le bruit que Renault serait coupable comme Volkswagen de la fabrication de logiciels trompeurs au sujet de l'émission de CO2 par les

[114] Moyenne des différences entre les gains quotidiens des indices : - 0.0000318253 ; divisée par l'écart-type des différences entre les gains quotidiens des indices sur la base de 440 observations (0.00103612/440).
[115] Marina Alcaraz, La Bourse de Paris, 30–12-2014

moteurs Diesel, avait suffi pour que l'action chute de façon spectaculaire !

Il s'est avéré par la suite que les valeurs d'émission effectives étaient certes beaucoup trop élevées, mais qu'il ne s'agissait pas d'une fraude volontaire comme dans le cas du constructeur allemand. Nous avons donc assisté à une imbrication de la rumeur dans une toile de fond d'informations effectives. D'où la grande difficulté d'une modélisation qui saura accueillir la réalité des événements financiers.

Le rôle du Régulateur est ici très difficile, plus particulièrement dans des cas comme celui qui vient d'être mis en relief et où l'État est partie prenante directe. Le Régulateur ne pourra agir par le biais d'informations acquises en priorité, en concertation avec des organismes de relais tels que la BCE, pour aller à l'encontre d'impacts de cette nature.

Il reste que la Bourse constitue le symbole de la prise de risque, avec dans un deuxième temps l'atteinte aux fondamentaux. La Régulation telle qu'elle est envisageable dans des économies de marché, ne saura jamais renoncer au pilier que constitue le capital à risque.

Néanmoins, ce qui vient d'être dit au titre d'un événement – ou incident, si on préfère – ne signifie guère que des situations comparables seront toujours momentanées, et que « tout rentrera rapidement dans l'ordre », conformément aux enseignements de l'école néo-classique.

Toujours est-il que l'essor de l'école comportementale sous l'égide de Benoît Mandelbrot, depuis les années 1970-1980, a conduit à de véritables tentatives de récupération de la part de représentants du *main stream ;* elles méritent de figurer ici, ne serait-ce que pour souligner les pierres d'achoppement auxquelles se heurte une Régulation plus volontariste.

Des stérilités non reconnues

Partant des prises de position de Burton G. Malkiel et Robert J. Shiller[116], il peut paraître indiqué de vouloir aller au-delà des mises en question ponctuelles bien qu'importantes, et de tenter de parvenir à des conclusions constructives en matière de politique macroéconomique, et donc de Régulation.

À ce propos, une distinction sera faite ci-après entre l'efficience des marchés financiers au plan informationnel, opérationnel et allocatif.[117]

I) L'infirmation de l'efficience informationnelle

Depuis les recherches de Fama, l'efficience des marchés dépend de la question de savoir si le prix comprend l'ensemble des indications portant sur la valeur fondamentale de l'actif concerné. Celle-ci, aussi appelée 'valeur intrinsèque', est à définir comme la somme actualisée des flux monétaires à attendre de cet actif. Le taux d'actualisation à appliquer est alors le taux de rendement sans risque, plus la prime de risque reconnue comme accompagnant cet actif.

Or, la logique commande de renoncer à l'idée même d'efficience informationnelle, en vertu du paradoxe de Grossman et Stiglitz[118]. La quintessence du modèle des auteurs est en effet la suivante : l'information n'est pas gratuite, de sorte que les prix ne sauraient intégrer

---

[116] B. G. Malkiel, Journal of Economic Perspectives, vol. 17, no. 1, Winter 2003, pages 59 – 82, R. J. Shiller, même référence, pages 83 - 104

[117] Gregory H. Bauer, Revue du système financier, Banque du Canada, décembre 2009, pages 39 - 42

[118] Stanford J. Grossman and Joseph Stiglitz, On the Impossibility of informationally efficient markets, The American Economic Review, juin 1980, pages 393 – 408.

l'ensemble des informations disponibles ; si tel était le cas, les personnes qui procéderaient à des dépenses pour l'obtenir devraient le faire sans en être récompensées. Il existe donc une contradiction évidente entre l'efficience des marchés en transmettant l'information, et l'incitation de se la procurer.

En conséquence, une partie de l'information publique et privée échappe nécessairement à la formation du prix de l'actif considéré.

« L'efficience informationnelle d'un marché doit donc être appréhendée en termes relatifs. La quantité d'information que contient le prix d'un actif est celle qui égalise le coût marginal d'acquisition de l'information avec le rendement marginal des opérations réalisées sur la foi de celle-ci »[119].

Il faut donc s'intéresser à la question de savoir quel sera le délai d'incorporation de l'information dans le prix. À ce sujet, on doit invoquer « l'effet Friedman » qui s'inscrit en faux contre la simultanéité de l'intégration des informations dans les prix des actifs financiers. Dans le cas de délits d'initiés, les petits investisseurs seront par définition « à la traine » des renseignements.

On retrouve ici une composante importante de l'HEM qui inscrit la formation des prix financiers dans le cadre d'une évolution aléatoire. Or, de toute évidence, la prime de risque variera au fil du temps, de sorte que les cours s'adapteront au marché, et ils seront donc au moins partiellement prévisibles.

Pour insister sur l'objectif de l'Étude, il faut reconnaître que l'action préventive des pouvoirs publics en matière de Régulation est indiscutablement rendue difficile du fait que les modèles de formation des prix des actifs financiers

---

[119] Stanford J. Grossman and Joseph Stiglitz, op.cit., citation pages 399-400.

sont fort divergents, comme nous avons pu le constater. Ceci est d'autant plus vrai que récemment des chercheurs tels que E. Fama ont jeté un doute sur la pertinence de la fonction gaussienne dans ce contexte, ainsi que sur le modèle MEDAF (CAPM), qui défendent résolument la prédominance de l'aléa sur les marchés financiers.

On comprend que les Régulateurs soient dans l'embarras : ils ne sont que rarement des spécialistes, et devraient donc s'en enquérir auprès de ceux-ci pour savoir quelle sera l'orientation la plus conforme à l'intérêt général.

II) L'échec de l'efficience opérationnelle

Le concept d'efficience opérationnelle est étroitement lié à celui d'efficience informationnelle. Étant donné que toute opération financière implique un coût, ce qui rappelle d'ailleurs le dicton anglo-saxon qui veut que « there is no free lunch », il se pose la question de savoir quel sera le coût du transfert des fonds dont disposent certains agents économiques, les épargnants, à ceux qui sont à la recherche d'un crédit de consommation ou d'investissement.

Or, comme le souligne G. H. Bauer (op.cit., p. 41), il se pose ici une question factuelle : si nous étions sur des marchés de concurrence parfaite, les coûts des transactions devraient être égaux aux coûts marginaux des prestations de service encourus par les agents qui y procèdent.

Cependant, nul ne saurait prétendre de nos jours que cette condition est remplie : dans le monde d'aujourd'hui, comme d'ailleurs dans celui du passé, la concurrence pure et parfaite des manuels n'est rien d'autre qu'une ancre explicative, dès le départ juxtaposée aux réalités des marchés, qu'ils soient financiers ou portant sur des transactions réelles.

De toute évidence, nous nous trouvons dans un monde oligopolistique où les fusions-acquisitions et autres regroupements font qu'une telle égalisation des coûts des transactions et des coûts marginaux est manifestement absente, pour laisser la place à l'exercice de rapports de force particulièrement visibles au plan du secteur bancaire.

Ceci signifie que la liquidité des marchés financiers joue un rôle essentiel, pour pallier l'inefficience opérationnelle aussi bien qu'informationnelle, puisque toute information a pour but de conduire à une ou plusieurs opérations.

Pour soutenir la liquidité, les Etats-Unis ont mené pendant longtemps une politique du « QE »[120], la Banque centrale européenne s'étant engagée dans cette voie avec quelque retard.

Si le lien entre l'efficience informationnelle et l'efficience opérationnelle est ainsi avéré, il rend encore plus difficile d'agir dans le sens de l'intérêt général que le Régulateur devra viser pour empêcher que les flux financiers ne deviennent des cascades dévorantes.

Dans son article, G. H. Bauer (op.cit.) évoque la problématique de la transparence. Le terme « transparence forcée » (p.41) qu'il utilise en se référant à I. Zorn, porte en lui une connotation négative qui mérite d'être explorée quant à sa signification véritable.

Il a déjà été dit que Les entreprises françaises doivent désormais s'acquitter de la transmission de bon nombre d'informations portant non seulement sur leurs données constitutives, mais également sur tout événement nouveau dont l'Autorité des Marchés Financiers estime qu'il doit être porté à la connaissance du public.

---

[120] « QE » ou 'quantitative easing' signifiant un coût très bas du crédit, en vue de la stimulation de la demande de fonds, à des fins de consommation autant que d'investissement.

Or, s'il s'agit bien d'une « transparence forcée » inexistante avant la création de l'AMF en 2007, on est en droit de poser la question de son utilité. En effet, les investisseurs avertis auront eu connaissance de données telles que les comptes financiers, le rapport annuel et le dividende qui a été décidé, avant la transmission à l'AMF, et ceci en toute légalité.

D'autre part, les investisseurs non informés dont les agissements comportent, comme nous l'avons vu, une part de spéculation, n'auront majoritairement pas recours aux renseignements disponibles auprès de l'AMF, mais garderont leur confiance aux titres qu'ils connaissent (ou pensent bien connaître). Pour eux, l'obligation de transparence telle qu'elle existe en France et dans d'autres pays ne constituera donc pas un acquis notable.

Pour ce qui est des investisseurs avertis, il se pose la question du rythme de l'acquisition des connaissances. Étant donné l'évolution technologique et la simultanéité qu'elle procure, il semble toujours y avoir la possibilité de transactions avant que l'AMF ait pu enregistrer des données nouvelles importantes. Le simple fait de l'existence d'une Commission des Sanctions dans l'enceinte de l'AMF témoigne, si besoin était, de la persistance du délit d'initié que l'obligation de transparence cherche justement à combattre. En conséquence, la nouvelle réglementation ne semble pas avoir découragé de nombreuses transactions à la limite de la légalité, et au-delà.

Évidemment, il faut également tenir compte du contexte international où les inégalités au plan de la transparence imposée, peuvent conduire à des détournements des flux financiers difficilement conciliables avec l'intérêt général. Le paragraphe suivant (« Bâle III ») permettra d'approfondir cet aspect.

III) L'efficience allocative bridée

De façon liminaire, il parait particulièrement malaisé de vouloir isoler ce concept des deux précédents, à savoir l'efficience informationnelle et l'efficience opérationnelle. Ainsi, il se pose au départ la question de savoir s'il existe un lien dans le temps, et si par ailleurs on peut constater une hiérarchisation en termes quantitatifs ou qualitatifs.

En effet, quel sera le déroulement dans le temps, entre ces trois profils d'efficience prétendue ? Quant à l'efficience informationnelle, nous avons pu constater qu'elle ne sera jamais atteinte dans sa complétude. La formation du prix de l'actif financier ne pouvant être assimilée à une marche aléatoire, il intervient une composante de prévisibilité. Or, le terme de 'prévisibilité' porte en lui la dimension temporelle et donc la précédence par rapport au fait de l'allocation des capitaux.

On peut par ailleurs voir un lien dans le temps entre les concepts d'efficience informationnelle et opérationnelle, dans la mesure où les investisseurs avertis semblent avoir souvent tendance à noyer leurs agissements dans le flux de ceux des investisseurs non informés, ce qui doit être d'autant plus facile que le marché est liquide. Il parait donc justifié de déceler ici une simultanéité certaine.

En conséquence, nous dirions qu'en règle générale le degré d'efficience allocative s'adapte dans le temps aux deux autres profils ou degrés d'efficience.

Que dire ensuite de la hiérarchisation entre les trois composantes, en termes quantitatifs et qualitatifs, une telle hiérarchisation impliquant nécessairement des jugements de valeur ? Or, toute allocation sera fondée sur le développement de projets qui impliquent à la fois les opérateurs désireux de les entreprendre, et les épargnants disposés de mettre à disposition les moyens dont ils disposent.

La situation devient plus complexe du fait que tout épargnant est en même temps un consommateur dont les agissements sont à leur tour déterminés par la liquidité du marché, donc par la valeur des capitaux qui sont disponibles au titre de projets. Cette valeur devient alors subjective, puisqu'elle implique la potentielle renonciation à une consommation immédiate, au profit d'un rendement futur attendu d'un projet financé, rendu incertain du fait de la prévisibilité partielle de son évolution.

L'efficience allocative sera atteinte lorsque le taux de rendement marginal, en tenant compte de la prime allouée au risque encouru, se trouve égalisé pour l'ensemble des épargnants et emprunteurs.

Or, cette hypothèse évoque l'optimum parétien qui est censé être atteint lorsqu'à un stade de développement donné il devient impossible d'améliorer la situation d'un agent sans porter atteinte à celle d'un autre.

Nous sommes ainsi ramenés au concept dominant d'équilibre, et l'efficience allocative n'est alors rien d'autre que la transcription particulière du désir de voir agir la main invisible dans un contexte où le recours à une bienveillance intervenante en cas de besoin, parait particulièrement problématique, pour ne pas dire cynique. Il s'agit là d'un monde où domine une sorte d'harmonie sur fond de partage, contrairement à la dominance et la soif de conquête qui nous sont familières.

Ainsi, l'efficience allocative se heurte au profil diversifié de la liquidité, c'est-à-dire la façon dont les taux d'intérêt agissent sur la réalisation des projets de l'économie réelle. En effet, le « QE », un des mots maîtres de la discussion dans les milieux économiques à l'heure actuelle, fait trop souvent l'objet d'une appréciation en quelque sorte monolithique : certes, les organismes financiers internationaux publics fixent les jalons de l'activité financière des institutions financières et bancaires, mais il ne s'agit pas par la suite, loin s'en faut, d'une transmission pure et simple des références ainsi fournies.

L'espace discrétionnaire peut en effet être plus ou moins réduit, mais il reste vrai que les prêteurs sont sujets comme d'autres opérateurs à une inefficience informationnelle qui peut les guider vers des agissements trompeurs.

Il s'y ajoute la double problématique de l'horizon temporel de l'intérêt privé ou public, concernant le rendement attendu des projets entrepris. Si ce premier s'inscrit habituellement dans le court ou le moyen terme, il s'agit pour les décideurs publics de tenir compte des répercussions, y compris au plan environnemental, pour les générations futures.

Intervient ici le foisonnement des titres dérivés qui rend très difficile une vision claire du sous-jacent qui devrait pourtant servir de base pour l'appréciation du risque encouru par le prêteur. En témoignent les débâcles bancaires de ces dernières années, où les autorités publiques ont su parfois reculer devant la mise à contribution du contribuable (cf. l'affaire Lehmann -Brothers).

En conséquence, même si l'appréciation du risque et donc l'efficience allocative étaient conformes à la vision néo-classique, il resterait la pierre d'achoppement de la marche aléatoire qui comporte un seuil de confiance différencié suivant les choix opérés, mais qui n'exclut pas « la casse ».

Les recommandations et les débuts de réalisation des textes élaborés par le Comité de Surveillance et de Contrôle des Banques et Instituts financiers, offrent-ils des perspectives réellement nouvelles pour justement « éviter la casse » ?

La suite de notre recherche tiendra compte d'événements dont on estime qu'ils ne devraient pas intervenir, mais qui se produisent tout de même, et ce plus fréquemment de nos jours qu'il y a encore quelques décennies.

6. « Bâle III »[121]

Pourquoi « Bâle III » ?

Nous ne rentrerons pas ici dans la genèse des Accords de Bâle, créés et gérés *ab initio* par le Comité de la Surveillance Bancaire de la Banque de Règlements Internationaux qui a son siège à Bâle. La littérature en abonde et est publiquement accessible. Il peut donc suffire de souligner le souci permanent, au fil des années, d'améliorer la règlementation bancaire sans pour autant porter atteinte à l'évolution de la sphère réelle, c'est-à-dire à l'épanouissement de l'économie de marché.

Or, à la suite de l'événement des *subprimes* en 2007 et de l'évolution chaotique des taux d'intérêt en 2008, les décideurs estimèrent le moment venu pour sortir la règlementation bancaire d'un état comparable à une sorte de douce torpeur, pour ne plus *subir* les crises financières, mais de les *anticiper* et de les *prévenir* dans toute la mesure du possible.

Ainsi, le FSB (Financial Stability Board – Conseil de stabilité financière) et le G20 de 2010 à Séoul furent conjointement à l'origine de ce qu'on désigne depuis lors par le nom de « Bâle III ».

---

[121] La présentation s'appuie quant au profil conceptuel, sur le Blog « Economie et Société » du 18 juillet 2013

Les règles établies

Dans un souci d'amélioration générale du fonctionnement du système bancaire international, trois vecteurs furent définis :

– Le vecteur ‘ capital ‘
– Le vecteur ‘ liquidité ‘
– Le vecteur ‘ risque systémique’

I) Le traitement du capital

Le premier souci des concepteurs concerne les *fonds propres,* de sorte que les différentes catégories doivent figurer ici :

Mentionnons d'abord la signification du substantif « Tier » en langue anglaise ; il signifie étymologiquement un bois de la meilleure qualité – « lumber of the highest grade ».

Ainsi, on distingue depuis 1988 deux grandes catégories de fonds propres des banques, le Tier 1 et le Tier 2, suivant le type de risque qu'ils peuvent couvrir, en vue du calcul de la solvabilité d'une banque.

Le Tier 1 comprend les fonds propres de base (actions ordinaires, certificats d'investissement, participations minoritaires), alors que le Tier 2 comprend les fonds propres complémentaires (plus-values latentes, provisions, titres participatifs). Il existe encore un Tier 3 concernant les fonds propres de troisième catégorie qui couvrent les risques de marché.

Or, les travaux du FSB et du G20 ont conjointement eu pour résultat que même au sujet du Tier 1, il fallait être plus sévère et y inclure, pour les besoins de la réglementation, un « common equity » plus important, ce qui comprend dans le langage des concepteurs, les actions ordinaires et les réserves (augmentation des reports à nouveau de ces dernières).

Toujours au titre du Tier 1, les banques doivent en déduire désormais les intérêts minoritaires, les participations croisées et les actifs d'impôts différés.

Le Tier 2 se voit infliger généralement une unification au Bilan qui était absente préalablement.

Les fonds propres seront alors de meilleure qualité du fait de la hausse du capital et d'une moindre distribution de dividendes, en fonction du report à nouveau. Il est par ailleurs demandé aux banques d'avoir un portefeuille important de produits convertibles en actions, pour pouvoir augmenter les fonds propres en cas de baisse de leur valeur.

Pour ce qui est du niveau, de nouvelles règles ont été établies :

Le Tier 1 au sens le plus strict, donc le « common equity » ou capital de base, encore appelé « core tier one » devra passer de 2% à 4,5%, auquel s'ajoute un coussin appelé « de conservation » de 2,5%, donc 7% au total.

L'ensemble des fonds propres sera désormais soumis à un ratio de solvabilité qui passe de 8% à 10,5%, en incluant le « coussin de conservation » (capital charge).

Il sera créé un second coussin de conservation appelé « contra-cyclique » pour couvrir le risque sectoriel.

L'effet de levier devra baisser pour freiner la croissance des bilans des banques. Le ratio serait donc de 3%, ce qui signifie un rapport maximal de 1 : 33 d'actifs sur capitaux propres (Tier 1).

Or, dès le mois de janvier 2014, les banquiers ont violemment réagi aux nouvelles règles élaborées par les Régulateurs du Comité de Bâle. Ils estimaient en effet trop contraignantes les nouvelles règles, en avançant l'argument d'un freinage de la croissance des économies nationales, à cause des restrictions de crédit ainsi imposées à partir de l'année 2018.

En effet, le ratio de levier fixé à 3% ne prenait pas en compte la différenciation des risques encourus par les composantes des actifs. L'obligation pour les banques de détenir à partir de 2018 des capitaux représentant 3% de l'ensemble des actifs fut considérée comme trop contraignante. La conséquence en était effectivement de comptabiliser les produits dérivés en tenant compte des positions brutes, souvent plus importantes que les positions nettes.

Les régulateurs de Bâle ayant prêté une oreille attentive à cette argumentation ont cédé du terrain en envisageant désormais l'utilisation des positions nettes des produits dérivés pour le calcul du ratio de levier de 3% concernant les opérations de financement à court terme.

II) La gestion des liquidités

A) Le long terme

Le Régulateur souhaite une meilleure stabilité des ressources, toujours dans le but d'éviter de futures débâcles. A ce propos, Bâle III vise un ratio de liquidité à long terme (NSFR - Net stable funding ratio).

De façon succincte, il s'agit de cerner les profils des actifs concernés et de déterminer les niveaux de ressources stables en fonction du risque encouru. Dans ce contexte, il sera procédé à des pondérations appropriées.

Les pourcentages envisagés vont de 0% à 5% pour les comptes d'espèces et les titres d'État, et de 65% à 85% pour les prêts aux particuliers et les prêts hypothécaires. Les actifs devront alors être financés par des ressources stables, sur la base des pourcentages suivants : 100% pour le Common Equity (fonds propres de base), 80% à 90% pour les dépôts des clients, 80% pour les emprunts à faibles garanties ou non garantis.

L'évaluation de la stabilité des ressources devra être reconnaissable au bilan.

B) Le court terme

C'est ici que réside la préoccupation majeure des responsables de la Régulation. En effet, la *solvabilité (*donc la masse des actifs) d'un institut financier peut être présente, sans qu'il soit possible de faire face aux exigences immédiates en matière de liquidité.

C'est dans ce contexte que Le Comité a instauré un ratio de liquidité à court terme (LCR - liquidity coverage ratio), au niveau d'un minimum de 100%. Une telle amélioration de la solvabilité doit prévenir les situations de stress subites, de façon à pouvoir résister à des sorties de trésorerie pendant au moins 30 jours. Ces sorties pourront être dues à des impossibilités de refinancement sur le marché, la fuite de dépôts, ou encore des tirages de lignes hors-bilan ou des fuites occasionnées par des collatéraux.

L'objectif des Régulateurs est ici de faire en sorte que les banques choisissent des actifs de très bonne qualité mais à faible rentabilité, pour pouvoir respecter une solvabilité à 30 jours.

III) La prévention du risque systémique

Il parait presque superfétatoire de souligner le fait que le risque systémique est fortement imbriqué dans ce qui a été dit au cours de i) et ii).

Ainsi, le Comité envisage la création de Chambres de Compensation qui devront surveiller et guider notamment les transactions impliquant les produits dérivés.

L'objectif général est donc une augmentation du niveau du capital, dans l'intérêt du « portefeuille de négociation » (trading book). Rappelons que ce portefeuille représente les outils et produits financiers servant à une négociation ou à la couverture d'autres produits.

Espérons que les détails de ce programme montreront qu'il ne s'agira pas de déshabiller Paul pour habiller Jacques !

Le Comité envisage également une nouvelle définition de la « VaR stressée »[122] (mesure du risque de marché du portefeuille), en y ajoutant une « charge de capital » non encore bien précisée. Les risques envisagés plus particulièrement ici seraient des risques de défaut des contreparties.

Le souci de prévention du risque systémique se profile plus particulièrement lorsqu'il est question de la prise en considération du risque de corrélation entre les banques, et donc d'une contagion de la mise en question de la solidité de l'une ou de plusieurs d'entre elles.[123]

Critique des règles

Bien avant la formalisation, en 2013, des nouvelles règles devant gouverner les banques à partir de 2018-2019, des voix se soient élevées, doutant du bien-fondé des principes retenus et des paramètres définis, en vue d'empêcher de nouvelles « casses » au plan du système financier global.

La critique des concepts de base de « Bâle III »[124] comporte de nombreuses prises de position remarquées dès les décisions de principe prises fin 2010 par les grands banquiers centraux en tant que Régulateurs du système financier mondial.

Bien que le paramétrage des réformes ne soit pas encore définitif et que d'autres adaptations s'enchaîneront à

---

[122] Le concept de la VaR sera exposé par la suite

[123] Le calendrier ainsi que le résumé des réformes de Bâle III figurent à l'Annexe de ce paragraphe.

[124] Mory Doré, mars 2011, NextFinance – « One step further »

celles obtenues par les banques dès le début de l'année 2014, on doit consacrer quelques réflexions à la toile de fond des mesures devant être appliquées, et de souligner leurs manquements.

I) Les prix des actifs financiers et leur corollaire

Nous avons souligné l'erreur du courant néo-classique, suivant laquelle les écarts entre les prix des actifs financiers et les fondamentaux économiques ne seraient que des sortes d'égarements momentanés, vite corrigés par la sagesse inhérente des marchés. Or, l'écart est le plus souvent permanent bien qu'allant dans les deux sens, en fonction des rumeurs alimentées par les *noise traders*.

Ceci entraine une forte variabilité de la demande, conduisant entre autres à des crises de solvabilité dont la preuve n'est plus à apporter. L'inefficience allocative des ressources fait partie du mauvais guidage de l'économie ainsi déclenché par les irrationalités des marchés financiers.

Il faut ajouter que cette forme d'irrationalité est particulièrement pénalisante pour les pays émergents généralement endettés dans les quelques « grandes » devises mondiales et donc incapables d'exercer une influence déterminante sur les cours dans leurs propres monnaies.

Au-delà de l'irrationalité des marchés financiers, il faut faire mention des « prophéties auto-réalisatrices » dont témoignent les recherches d'*André Orléan.* Il est fait appel ici aux anticipations qui influent sur la conjoncture, devant des attentes plus ou moins fondées, qu'elles soient micro- ou macroéconomiques.

Ainsi, la faillite de *Lehman Brothers* a jeté le discrédit sur le système bancaire dans son ensemble, puisque le cas cité a balayé l'idée du « *too big to fail*", devant le refus catégorique des instances publiques de venir en aide à l'une des grandes banques mondiales. De sorte que les anticipations méfiantes restent, avec dans leur mouvance une méfiance certaine du public par rapport aux banques, pouvant effectivement créer des problèmes de liquidité, sans que cette méfiance soit nécessairement justifiée.

Pour ce qui est des dettes souveraines, les anticipations vont bon train depuis la « crise grecque », les protagonistes des milieux financiers brandissant l'épouvantail d'autres dettes souveraines pouvant prendre le même chemin. Ici encore, la peur joue un rôle déstabilisant que seule l'aide massive des partenaires européens, sous le nom rassurant d'« échelonnement de la dette », a pu calmer momentanément.

Toujours est-il que la situation de la Grèce a eu pour conséquence un véritable bradage d'actifs publics, ce qui va dans le sens contraire de ce que souhaitent les Régulateurs : plus une économie nationale est dominée par les intérêts privés, et plus il est difficile de faire prévaloir les choix de la puissance publique.

Au-delà de l'exemple grec, on ne peut que regretter le traitement des produits dérivés, et plus spécialement celui des CDS, dans la mesure où les profits sont privatisés et les pertes socialisées.

II) Une discordance regrettable

Lorsqu'on regarde l'évolution dans le temps, on constate que Bâle III ne fait que durcir les règles de Bâle II. En effet, il conviendrait de traiter les *causes* des événements passés, et c'est justement là où des obstacles majeurs apparaissent. Aussi longtemps que la liquidité des banques ne subira que les règles prévues par « Bâle III », il est à craindre que nous resterons dans le cadre de la gestion d'entreprise, fût-elle une banque.

On peut effectivement considérer comme seul remède efficace un contrôle de la création monétaire mondiale, à la suite du « QE ». Or, cette circonstance nous ramène « en boucle » à la problématique de la souveraineté budgétaire qui constitue à ce jour un tabou inhérent et indéniable devant la mise en commun des moyens, allant au-delà de la fixation d'un éventail point trop large, de règles communes.

III) La VaR, une discussion omniprésente

Si on veut bien admettre que les deux composantes qui précèdent ont un caractère plutôt factuel d'évaluation, la problématique de la VaR (value at risk) nourrit de façon continue la discussion entre économistes, statisticiens et mathématiciens.

Ainsi, la VaR est une émanation du concept de probabilité qui possède quatre utilisations principales en finance : la gestion du risque, le contrôle financier, le *reporting* financier et l'évaluation du capital des institutions financières à des fins de régulation.

Pour ce qui est du risque financier, il s'agit de l'évaluation du risque de perte d'un portefeuille d'actifs financiers. La VaR est alors une valeur de seuil qui désigne la probabilité que la perte de la valeur de marché du portefeuille devant l'horizon temporel donné dépasse cette valeur.

A titre d'exemple, si un portefeuille d'actions possède une VaR de 3% pour un montant de 2 millions d'euros sur 10 jours, la probabilité d'une baisse de la valeur du portefeuille de plus de 2 millions au cours de ce laps de temps sera de 3%. On peut ainsi conclure que la VaR constitue la frontière entre des évolutions « normales » et des événements « extrêmes ».

S'il n'est guère nécessaire d'insister sur les formulations mathématiques de la VaR, il convient de reprendre l'évolution du concept depuis les années 1980, et plus particulièrement depuis la crise financière de 1987.

Il est à remarquer que les études portant sur la VaR étaient au départ segmentées en termes qualitatifs aussi bien que quantitatifs. L'agrégation des VaR à travers des portefeuilles séparés (« desks ») et des institutions devait attendre les années 1990, lorsque les mêmes événements malencontreux frappèrent le monde de la finance dans son ensemble. Cette agrégation, toujours pas achevée, est indiscutablement un acquis dans le cadre de Bâle III.

Or, si le concept a rapidement trouvé son chemin dans des applications financières de plus en plus globales, on peut constater avec un brin de cynisme qu'il s'y prêtait assez facilement, en l'absence d'hypothèses fortes différentes, sortant du champ du raisonnement gaussien.

C'est ainsi que déjà l'Accord de Bâle II entré en vigueur à partir de 1998, s'appuyait largement sur l'utilisation de la VaR, avant tout en vue de l'évaluation du risque de marché au plan le plus global, c'est-à-dire celui des États signataires de l'Accord.

Dans ce qui suit, on ne perdra jamais de vue le propos essentiel qui guide cette recherche : « comment éviter la casse à l'avenir ? » À ce propos, le raisonnement en termes de pourcentage de risque couvert et donc gaussien, ne nous parait jamais satisfaisant, et pour cause :

Un risque infime se situant très loin sur une queue de distribution peut entrainer des pertes gigantesques.

Or, étant donné que selon toute vraisemblance l'outil qu'est la VaR ne nous quittera pas de sitôt, il faut mettre en relief les arguments avancés *pour* et *contre* son utilisation comme jalon de mesure. Pour ce faire, le Débat « Jorion-Taleb[125] » pourra servir de base

[125] Derivatives Strategy, Avril 1997 – The Jorion-Taleb Debate

C'est ainsi que Phlippe Jorion est un défenseur de la VaR, sur la base des considérations suivantes :

- L'évaluation quantitative (cf. supra) a l'avantage d'être accessible à tout investisseur potentiel, de sorte qu'un public peu averti est en mesure de saisir l'ordre de grandeur du risque d'une transaction projetée (y compris en matière d'instruments dérivés)
- Par ailleurs, l'utilisation désormais courante de la VaR peut révéler de par une très forte augmentation en l'espace d'une journée, une volatilité jugée anormale imputable à des prises de risque aberrantes ou même à des erreurs de positions prises. Ainsi, l'estimation du profil du risque est rendue possible grâce à la VAR.

Or, l'auteur concède que la VaR ne constitue guère un garde-fou à toute épreuve, et il cite à ce propos dans l'article commenté ici, Alan Greenspan, l'ancien Président de la FED : « When market forces … break loose of economic fundamentals, … sound policy actions, and not just bank capital, are necessary to preserve financial stability ».[126]

Ces paroles devraient résonner dans les oreilles des Régulateurs qui dirigent les destinées de Bâle III.

Du côté opposé, Nassim Nicholas Taleb cloue la VaR au pilori. Or, même si ses textes ont trouvé depuis quelques années leur chemin dans la littérature économique de vulgarisation, le débat est loin d'être clos, d'autant que l'argumentation de l'auteur s'avère nettement

---

[126] (F) « Lorsque les forces du marché… se détachent des fondamentaux économiques… il faut des initiatives politiques saines, et non seulement du capital bancaire, pour préserver la stabilité financière ».

plus subtile que ne le laissent souvent supposer des commentaires écrits et oraux.[127]

Certes, le terme le plus connu est dans ce contexte celui de « charlatanisme » au sujet de la VaR qui accompagne le récit du « cygne noir », mais il est difficile de l'écarter, étant donné la prétention à peine voilée de la VaR d'offrir la possibilité de quantifier les risques rares. Ceux-ci restent en effet « incommensurables » au sens propre du terme, que l'on se base sur le modèle gaussien, celui de la courbe en cloche, ou sur une autre évaluation probabilistique.

Le danger inhérent à l'application du modèle de la VaR est selon Taleb d'être en quelque sorte aveuglé par les risques gérables qui se situent « vers le milieu » de la courbe en cloche, au détriment de ceux qui, plus éloignés du centre, ne sauraient être saisis par les gestionnaires. Ainsi, plus un risque semble éloigné, et plus il court le danger d'être négligé. Il s'en suit alors un sentiment de sécurité tout à fait trompeur.

Les conclusions de Taleb se trouvent singulièrement consolidées par des événements en dehors de la sphère financière, dans le vaste domaine de la probabilité telle qu'elle se présente dans la vie courante : En 2015, un copilote frappé d'un coup de folie a jeté l'ensemble des passagers d'un avion dans l'abîme… Ici, la minceur de la queue de distribution gaussienne était incommensurable dans la pire acception du terme.

[127] N.N. Taleb, The Black Swan, Penguin 2008; On Robustness and Fragility (2010); trad. fr. Force et Fragilité (2010, Les Belles Lettres)

7. Les nouveaux habits de l'Empereur ?

L'Accord de Bâle III introduit une nouvelle mesure du risque qui ne se veut plus être la VaR telle que nous la connaissons, mais une grandeur ES (expected shortfall – perte attendue), calibrée pour une période de stress, aux dires des textes. En termes quantitatifs, un ES de 97,5% équivaudrait à une VaR de 99%, les deux pourcentages signifiant des seuils de confiance délimitant le risque.

Ceci devra être obtenu moyennant une réserve de capital (« capital charge ») tenant compte des facteurs de risque modelables et non modelables. En effet, pour être « modelable », un facteur de risque doit disposer de prix « réels » disponibles en permanence[128].

On observe aussi l'introduction d'horizons variables de liquidité pour différents facteurs de risque (c'est-à-dire le temps requis pour l'extinction du risque), alors que préalablement il n'y avait que l'horizon unique de liquidité en termes de la VaR à 10 jours. Or, comme dans le cas précédent, cette décision ne nous éloigne pas véritablement du contexte probabilistique.

Ainsi, le concept « ES » (« expected shortfall ») est censé venir en aide à la VaR. Or, les termes alternatifs

---

[128] Il s'agit de prix de transactions bancaires effectives d'une banque ou entre banques, prix fermes d'une cotation, avec au moins 24 observations par an, sur une période maximum d'une année entre deux observations.

pour l'ES sont révélateurs d'un embarras subsistant : on parle de « CVaR » (conditional value at risk), d'« AVaR » (average value at risk) ou encore d'« ETL » (expected tail loss).

C'est probablement ce dernier terme qui souligne le mieux le refus, ou plutôt l'incapacité, des concepteurs de quitter réellement le terrain de la VaR. On essaie de combler ce que la VaR ne peut couvrir, sans y parvenir vraiment. Il reste la 'maudite' queue, d'autant plus pernicieuse qu'elle est fine.

Le symbole « K » représente le besoin en capital requis par « bucket » (ou tranche). Le lien entre « K » et « ES » suggère une équivalence (souhaitée) entre un « manque » (-) et un « apport » (+).

Le calcul du risque selon « ES » est de surcroît victime d'une erreur manifeste qu'il convient de signaler :

Le texte élaboré par les experts du Comité de Bâle s'appuie à de nombreuses reprises sur une équation qui devra refléter les mesures de Régulation envisagées, à commencer par la page 32 du Document dans sa version de fin 2013, mais maintenue depuis :

$$K_b = \sqrt{\sum_i RW_i^2 MV_i^2 + \sum_i \sum_{j \neq i} \rho_{ij} RW_i MV_i RW_j MV_j}$$

Signification des symboles : « B » = « bucket », une tranche de risques dans le cadre de catégories d'actifs semblables au niveau européen K_i – qui n'apparaît pas dans l'équation est supposé représenter le besoin en capital de la position notionnelle « i »

RW = risk weight (pondération du risque)

MW = market value (valeur de marché)

ρ_{ij} = coefficient de corrélation

« Les sommes comprennent toutes les positions notionnelles ' i ' allouées à la tranche de risque 'B' ; MV_i est la valeur de marché de chaque position notionnelle 'i' ; RW_i est la pondération du risque appliquée aux positions notionnelles de la tranche, et 'ρ_{ij}' est la corrélation entre deux positions notionnelles 'i ' et 'j' à l'intérieur de la tranche »[129].

Concernant l'équation représentant l'écart-type ou la mesure du risque encouru, et ainsi la réserve de capital requise pour la tranche « B », on doit avancer l'objection suivante : la multiplication du risque pondéré, par la valeur de marché conduit à une proportionnalité erronée, du fait que le coût encouru peut avoir été occasionné de différentes façons, comme le montre l'exemple suivant :

RW = 5% accompagnant un MV = 1000 créera un coût de 50, alors que RW = 2,5% accompagnant un MV = 2000 créera également un coût de 50 !

Il se pose par ailleurs le problème des corrélations. En effet, la corrélation entre deux positions notionnelles ne saurait être déterminée indépendamment l'une par rapport à l'autre, telles que les tailles de deux personnes faisant partie d'une population. Ce que nous rencontrons ici, est une dépendance originelle, ρ, entre deux positions 'i' et 'j' à l'intérieur d'une même tranche de risques. Néanmoins, pour que cette corrélation puisse être utilisée à des fins d'évaluation des risques, la corrélation devrait être *connue.* Ceci peut être le cas lorsqu'il s'agit de taux de change, mais pas dans la plupart d'autres cas.

Il s'avère ainsi qu'il existe un raccourci regrettable dans l'ensemble des développements du Document du Comité, concernant les corrélations en présence.

Ce manquement se trouve aggravé du fait que la « réserve de capital » prévue pour les facteurs de risque non modelables, ne donne lieu pour l'instant à aucune diversification quantitative ou qualitative.

---

[129] Citation p. 32 du Document du Comité de Bâle.

8. Conclusion au sujet de « Bâle III »

L'époque contemporaine nous a enseigné que les « queues de distribution » ne sont guère minces, mais réellement des « fat tails », donc des distributions qui restent beaucoup plus épaisses que la modélisation gaussienne essaie de le faire croire.

Or, même en dehors de ces constatations factuelles, toute modélisation probabilistique, qu'elle soit par ailleurs gaussienne ou autre, devrait être abandonnée. En effet, la probabilité a besoin d'« épaisseur ». Comment peut-elle la perdre ? Par un « σ » qui rétrécit de plus en plus, au point de disparaître. Alors, il n'y a plus de probabilité, c'est la réalisation de l'événement, et donc du risque.

Pour se faire l'avocat du diable, il faudrait donc miser sur un nombre maximum de facteurs de risque non modelables, en vue de sortir le plus possible du règne malfaisant de la probabilité. Ce n'est qu'ainsi qu'il sera possible de combattre la spéculation qui sera finalement supportée par le contribuable.

Pour y parvenir, le texte offre des possibilités dans le cadre des « Horizons de liquidité des grandes catégories des facteurs de risque » (p. 16). On peut penser que c'est ici que résident les meilleures chances de progrès, que ce soit sous la forme de capitaux de réserve ou par d'autres moyens se situant en dehors du contexte probabilistique.

Néanmoins, au-delà des possibilités, ô combien limitées, qu'offre le texte du Comité de Bâle, on ne saurait échapper à un aveu de carence. Comme l'a formulé Christian Walter[130] : « Baal, le Dieu dévorateur de l'économie réelle, veut que Bâle III ne fasse que durcir les règles de Bâle II, au titre de la quantification, de sorte que le contexte socio-politique est maintenu ».

Ainsi, la part de la souveraineté des États déléguée aux acteurs financiers privés s'est encore accrue, de sorte que la financiarisation des économies nationales ne cesse de gagner du terrain.

Christian Walter évoque « le virus brownien », voulant dire par là que la Régulation telle qu'elle est conçue, nie les crises et les ruptures.

On pourrait croire que la vie économique ressemble à un fleuve, sinon tranquille, du moins continue, sans qu'il y ait le risque que les barrages cèdent et que l'ensemble de la structure en soit ébranlé.

Espérons que l'avenir ne s'inscrive en faux contre ce bel optimisme des Régulateurs !

---

[130] C. Walter, Les sacrificateurs de l'économie réelle, Régulation Financière, 03/03/2014

Annexes

Comité de Bâle sur le contrôle bancaire : les réformes de Bâle III

Bâle III renforce la réglementation microprudentielle et y ajoute une dimension macroprudentielle, notamment par le biais de volants de fonds propres.

	Fonds propres				
	1er pilier			2e pillier	3e pillier
	Fonds propres	Couverture des risques	Encadrement de l'effet de levier	Gestion et surveillance des risques	Discipline de marché
Toutes les banques	**Qualité et niveau des fonds propres** L'accent est mis sur les actions ordinaires, dont le niveau minimal est porté à 4,5 % des actifs pondérés des risques (APR), après déductions. **Absorption des pertes par les fonds propres au point de non-viabilité** Dans leurs conditions contractuelles, les instruments de fonds propres comprendront une clause permettant – à la discrétion de l'autorité compétente – de les annuler ou de les convertir en actions ordinaires si la banque est jugée non viable. Ce principe accroît la participation du secteur privé à la résolution des futures crises bancaires, et réduit, ce faisant, le risque subjectif (ou aléa moral). **Volant de conservation des fonds propres** Constitué d'actions ordinaires à hauteur de 2,5 % des APR, ce volant porte à 7 % le niveau total des fonds propres de cette qualité. Des restrictions s'appliquent aux distributions discrétionnaires si l'exigence de 7 % n'est plus respectée. **Volant contracyclique** Compris dans une fourchette de 0–2,5 % et constitué d'actions ordinaires, ce volant est imposé par les autorités lorsqu'elles jugent que la croissance du crédit entraîne une augmentation inacceptable du risque systémique.	**Titrisations** Renforcement de la couverture en fonds propres de certaines titrisations complexes. Exigence, pour les banques, d'analyser plus rigoureusement la qualité de crédit de leurs expositions de titrisation notées par un organisme externe. **Portefeuille de négociation** Relèvement notable des fonds propres au regard des activités de négociation et sur dérivés, ainsi que des titrisations complexes dans le portefeuille de négociation. Création d'une exigence sur la valeur en risque en période de tensions, pour aider à atténuer la procyclicité. Exigence de fonds propres incrémentale au regard des risques estimés de défaut et de migration de notation sur expositions à des produits de crédit non titrisés, prenant aussi en compte la liquidité. **Risque de contrepartie** Renforcement substantiel du traitement du risque de contrepartie : mesure plus rigoureuse des expositions ; incitation, pour les banques, par le coefficient de fonds propres, à recourir aux contreparties centrales pour leurs opérations sur dérivés ; surpondération des expositions entre institutions financières. **Expositions envers les contreparties centrales (CCP)** Proposition du Comité d'affecter une pondération de 2 % aux expositions envers une CCP agréée et de calculer, en fonction du risque (par une estimation simple et uniforme), l'exigence de fonds propres au regard des expositions sur les fonds de garantie des CCP.	**Ratio de levier** Un ratio de levier indépendant du risque, et incluant le hors-bilan, complète les mesures de fonds propres fondées sur le risque et limite le recours à l'effet de levier au sein du système bancaire.	**Exigences supplémentaires** Traitement de la gouvernance et de la gestion des risques au niveau de l'établissement ; prise en compte du risque lié aux expositions hors bilan et aux titrisations ; gestion de la concentration des risques ; incitations à une meilleure gestion des risques et rendements sur le long terme ; saines pratiques de rémunération ; pratiques de valorisation ; tests de résistance ; normes comptables applicables aux instruments financiers ; gouvernance d'entreprise ; collèges prudentiels.	**Révision des exigences de communication financière** Instauration d'exigences sur les expositions de titrisation et sur la responsabilité directe des véhicules hors bilan. Communication financière plus détaillée concernant les composantes des fonds propres réglementaires et leur rapprochement avec les comptes publiés, fournissant une explication complète du mode de calcul des ratios de fonds propres réglementaires.
EFIS	Compte tenu du plus haut degré de risque qu'ils présentent pour le système financier, les établissements financiers ayant une importance systémique mondiale (EFIS*) doivent se conformer à toutes les exigences de Bâle III et disposer, en outre, d'une plus grande capacité d'absorption des pertes. Le Comité a élaboré une méthodologie fondée sur des indicateurs quantitatifs et qualitatifs afin d'identifier les établissements bancaires concernés (EBIS*). Des exigences supplémentaires, en actions ordinaires et assimilées de T1 (CET1), dans une fourchette de 1 % à 2,5 %, leur sont appliquées. De plus, une exigence additionnelle d'absorption des pertes de 1 % peut être appliquée aux banques soumises à la surpondération maximale (2,5 %), afin de les dissuader d'accroître encore leur importance systémique mondiale de manière significative. Ces règles ont été établies par le Comité en collaboration avec le Conseil de stabilité financière, lequel coordonne l'ensemble des mesures visant à réduire le risque subjectif (ou aléa moral) encouru du fait des EFIS*.				

Liquidité
Normes mondiales de liquidité et suivi prudentiel
Ratio de liquidité à court terme Le ratio de liquidité à court terme (*Liquidity Coverage Ratio*, LCR) impose aux banques de détenir suffisamment d'actifs liquides de haute qualité pour résister à une pénurie de financement de 30 jours, sur la base d'un scénario défini par les responsables prudentiels. **Ratio de liquidité à long terme** Le ratio de liquidité à long terme (*Net Stable Funding Ratio*, NSFR) est un indicateur structurel conçu pour corriger les asymétries de liquidité. Il couvre la totalité du bilan et incite les banques à recourir à des sources de financement stables. **Principes de saine gestion et de surveillance du risque de liquidité** En 2008, le Comité, tirant les enseignements de la crise, a publié les *Principes de saine gestion et de surveillance du risque de liquidité*, ensemble de recommandations établi à partir d'une révision en profondeur des saines pratiques de gestion du risque de liquidité dans les organisations bancaires. **Suivi prudentiel** Le dispositif de liquidité comprend un ensemble d'indicateurs universels conçus pour aider les autorités de contrôle à identifier et analyser les tendances affichées par le risque de liquidité tant au niveau des établissements qu'au sein du système tout entier.

Comité de Bâle sur le contrôle bancaire

BANQUE DES RÈGLEMENTS INTERNATIONAUX

Bâle III : Calendrier de mise en œuvre progressive

(La date de début est toujours le 1er janvier de l'année indiquée.)

		2013	2014	2015	2016	2017	2018	2019
Fonds propres	Ratio de levier	Période d'évaluation parallèle : 01/01/2013 – 01/01/2017 Publication : à compter du 1er janvier 2015					Intégration au Pilier 1	
	Ratio minimal pour les actions ordinaires et éléments assimilés de T1 (CET1)	3,5 %	4,0 %	4,5 %				**4,5 %**
	Volant de conservation des fonds propres				0,625 %	1,25 %	1,875 %	**2,5 %**
	Ratio minimal CET1 + volant de conservation	3,5 %	4,0 %	4,5 %	5,125 %	5,75 %	6,375 %	**7,0 %**
	Déductions progressives de CET1 *		20 %	40 %	60 %	80 %	100 %	**100 %**
	Ratio minimal Fonds propres de base (T1)	4,5 %	5,5 %	6,0 %				**6,0 %**
	Ratio minimal Total des fonds propres		8,0 %					**8,0 %**
	Ratio minimal Total des fonds propres + volant de conservation		8,0 %		8,625 %	9,25 %	9,875 %	**10,5 %**
	Instruments de fonds propres devenus non éligibles aux autres éléments de T1 et à T2		Élimination progressive sur 10 ans à partir de 2013					
Liquidité	Ratio de liquidité à court terme – exigence minimale			60 %	70 %	80 %	90 %	**100 %**
	Ratio de liquidité à long terme						Introduction du ratio minimal	

* Notamment, montants dépassant la limite pour les DTA (*deferred tax assets*), MSR (*mortgage servicing rights*) et participations dans des établissements financiers.

– – périodes de transition

PARTIE III

LES RÉGULATEURS À LA CROISÉE DES CHEMINS

Avant-propos

À la suite de ce qui a été dit au cours des deux premières parties de cette recherche, on comprendra que le lecteur ressente une certaine résignation – que faire, en effet, puisque l'équilibre continue de hanter les méandres des économistes du *main stream,* et que la probabilité reste sur ses remparts, même si ces derniers s'avèrent de plus en plus rugueux ?

Or, il a déjà été tenté de tracer des voies nouvelles qu'il s'agirait d'emprunter, même si elles ne se dessinent pas encore très clairement. Il est permis de douter que l'inertie qui encombre toute initiative humaine soit réellement absente des cercles bâlois, aussi savants soient-ils.

Il a été dit dans un passé pas très lointain, et sous la forme d'une boutade, que la Révolution devait se faire dans l'ordre. En cherchant la signification de cette formule, on pourrait dire qu'il n'est pas interdit de jeter des pavés dans la marre, pourvu que ce soient les « bons » pavés, c'est-à-dire des idées propices à une propagation dans une enceinte certes pas trouble, mais tout de même pas parfaitement transparente.

Quelques jalons ont été posés, et la suite s'efforcera de faire paraître des ouvertures, sans que les portes ouvertes occasionnent des turbulences trop bouleversantes.

Avant de procéder en ce sens, on peut poser la question de savoir si les trois piliers mis en avant, en résumant la construction de l'ensemble de Bâle III, constituent un support solide, au plan quantitatif aussi bien que qualitatif.

Le Premier Pilier concerne *l'exigence en fonds propres.* On sait que cette exigence est devenue plus sévère, non seulement en termes de pourcentage par rapport à l'ensemble des actifs, mais aussi au plan qualitatif. Or, la qualité, qu'il s'agisse de celle des avoirs financiers ou d'un autre domaine d'activité, même en dehors de l'économie, ne saura jamais être parfaite. Tant que des avatars peuvent se produire, on n'aura pas fait un pas décisif en avant pour éviter une crise profonde.

Vient ensuite le Deuxième Pilier, celui de *la surveillance prudentielle.* Ici, il faut tenir compte de deux stades : celui de l'observation de l'évolution, et le cas échéant l'intervention pour freiner des tendances considérées comme dangereuses. Or, si Bâle III a établi des principes clairs, on risque de se heurter à des problèmes de souveraineté, en dépit du net recul du « secret bancaire ». En effet, les agissements des instances publiques peuvent poser des problèmes de gestion, du fait de chevauchements possibles entre l'intérêt général et les intérêts privés. Ainsi, si des cataclysmes paraissent ici moins menaçants, des déviations préjudiciables ne semblent pas exclues. Au fil des paragraphes qui suivent, l'introduction explicite du facteur temps apparaîtra comme une nécessité non encore suffisamment prise en compte.

Le Troisième Pilier de Bâle III est *la discipline de marché.* Ce concept n'est certes pas facile à saisir, puisqu'il semble se situer essentiellement dans la sphère privée. L'idée sous-jacente est celle d'une autodiscipline dans l'intérêt de tous les agents du marché financier, ainsi que de la macroéconomie dans son ensemble. Or, il n'est pas certain que les *noise traders* obéiront à une telle injonction.

Arrivé en ce point, le lecteur attentif du résumé des réformes introduites par « Bâle III » concernant le contrôle bancaire, constatera que les trois piliers se veulent d'englober la problématique générale que posent les transactions financières dans le monde d'aujourd'hui. Certes, l'effort est indéniable et des améliorations seront sans doute opérées au fil du temps, mais il reste un fait frappant représenté par un « pavé » qui figure de façon séparée, à la suite des colonnes symbolisant les trois piliers : LA LIQUIDITÉ. Il s'en détache un sentiment de chevauchement malaisé dès la lecture, puisque le 2e pilier a pour titre « Gestion et surveillance DES RISQUES », alors que la colonne consacrée à la Liquidité souligne les « Principes de saine gestion et de surveillance du RISQUE DE LIQUIDITÉ ».

C'est ici que surgit clairement un manque d'acceptation sinon de réalisation du fait de la pénétration symbiotique du phénomène de la liquidité dans toutes les composantes de l'économie financière. Il s'avère que les recherches de Mandelbrot et d'autres chercheurs du temps présent n'ont toujours pas trouvé leur chemin dans la gestion financière, qu'elle soit macro- ou microéconomique.

Il semble de ce fait indiqué d'analyser davantage cet aspect dont nous estimons qu'il n'est pas traité de façon adéquate par « Bâle III », pour des raisons auxquelles il a déjà été fait allusion. En effet, la configuration en présence devrait bénéficier d'une dynamique, pour relayer ce qui ressemble pour l'instant à une statique comparative.

1. La variance en embuscade

Si l'analyse économique dispose aujourd'hui de l'outil du temps, dans sa plénitude, nous le devons à Benoît Mandelbrot qui a su configurer le rôle maître du temps dont l'interprétation avait été victime d'une pensée trop attachée à l'idée d'une continuité soumise à un équilibre bienfaisant.

Or, avant d'insister sur les recherches de Mandelbrot concernant la configuration du temps tel qu'il paraît au niveau de la Bourse, il est indiqué de faire mention de quelques jalons théoriques posés par le père de la science économique comportementale dès les années soixante. Le temps gagne alors toute son importance, faisant apparaître de nombreuses discontinuités, ce que Mandelbrot avait d'abord constaté au niveau de l'évolution des prix des matières premières, y compris pendant des périodes d'évolution plutôt calmes.

Sans pouvoir entrer ici dans les détails du débat théorique, on peut signaler que Mandelbrot envisageait même une « variance infinie », tout en admettant avec un brin d'humour que « Infini gêne »[131].

Aujourd'hui, la non-gaussianité en finance est une évidence. Or, même si le profil de la variance s'en trouve

---

[131] Benoît Mandelbrot, Fractales, Hasard et Finance, Champs Flammarion, 1997, citation p. 151

singulièrement modifiée sinon mis en cause, le fait est que le modèle gaussien sert toujours de base d'évaluation du risque, en dépit de certains supports qui cherchent à l'adapter à la réalité économique et surtout boursière (cf. infra).

En attendant, la prise en compte du temps à la manière de Mandelbrot introduit une dynamique proprement humaine et difficilement conciliable avec la main invisible d'Adam Smith. On se heurte alors à la juxtaposition de deux Mondes où l'appartenance doit être choisie : une cohabitation ne parait guère possible.

En guise d'une brève parenthèse, on peut ramener le lecteur sur un terrain qui lui sera peut-être moins étranger, en soulignant les services qui furent rendus à Mandelbrot par la société IBM. Celle-ci l'avait accueilli peu de temps après la guerre, en lui laissant toute liberté pour sa recherche qui ne semblait guère être d'une rentabilité immédiate.

En effet, Mandelbrot s'était consacré à l'investigation d'une itération de nombres complexes, commençant par zéro : $z \rightarrow z^2 + C$. Dans le contexte d'un calcul « ordinaire », cette formule ne semble pas avoir de sens. Cependant, grâce au fait qu'IBM possédait déjà à l'époque des calculateurs puissants capables de réaliser « à la demande » des millions de calculs, la conclusion à tirer était tout autre :

Désormais, l'écran révélait un ordre qui était récursif, auto-similaire[132] à l'infini. Ainsi, et de façon surprenante, la technologie avancée de l'époque a pu servir à révéler ce que la Nature avait pu cacher jusque-là, de sorte que dans ce contexte « la rugosité de la côte bretonne », présente de la même manière à tant d'échelles, est devenue proverbiale

[132] L'auto-similarité s'adresse à un objet qui conserve sa forme, quelle que soit l'échelle à laquelle on l'observe.

pour les tenants de l'économie comportementale. Il y a donc une sorte d'ordre en toile de fond, derrière le voile d'un apparent manque de traçabilité, celui justement du « désordre dans l'ordre » souvent qualifié un peu rapidement de « Chaos ».

Au cours de la présentation de cette recherche, il y sera fait allusion dans les limites requises par l'intérêt du sujet.

2. La signification de l'exposant de Hurst

On constate généralement chez Mandelbrot une reconnaissance quasiment exceptionnelle, des travaux d'autres chercheurs qui lui ont fourni des outils pour ses propres recherches. Il y va ainsi d'Harold Edwin Hurst, un Britannique envoyé au Caire par les gestionnaires de l'Empire pour étudier les irrégularités survenant au sujet du débit du Nil. On comprend les soucis de l'Administration britannique, puisque les barrages du fleuve exerçaient une fonction ô combien importante au plan de la culture du coton, matière essentielle pour les filatures de Manchester[133].

Or, il ne s'agissait pas seulement d'étudier la dimension des crues, mais surtout leurs irrégularités.

Malheureusement, le cadre de notre recherche ne permet guère de rendre justice en détail, ni aux travaux de Hurst ni à leur poursuite par Mandelbrot, de sorte qu'il conviendra de se contenter d'un résumé de leurs conclusions respectives :

Hurst, qui ne disposait point d'outils de calcul informatique, était parvenu à la constatation que le rythme des crues ne suivait guère une fonction gaussienne, celle de la courbe en cloche, mais une fonction de puissance[134] avec

---

[133] B. Mandelbrot et R.L. Hudson, Une approche fractale des marchés, tr. Fr. Odile Jacob 2005, pp.195-196.

[134] Une loi de puissance fait appel à deux quantités, avec une constante de proportionnalité, a, et une autre constante, k, l'exposant, de sorte que $y = ax^k$.

un exposant égal à 0,73. Ceci signifie que l'écart dans le temps entre les crues les plus fortes et les plus faibles augmentait comme la puissance trois-quarts de l'écart-type de la fonction. Pour Mandelbrot, la transposition sur le terrain financier devenait vite évidente : les fortes crues correspondaient aux soubresauts des cours de bourse, alors que les krachs du marché étaient l'équivalent des sécheresses[135].

Il est difficile de résister au jeu de mots qui veut que la sécheresse pointe vers les liquidités financières qui en situation de krach auront toutes été siphonnées…

Ainsi, pour rester au plan de la finance, un exposant H de 0,5 signalerait une indépendance des cours dans le temps, un $H < 0,5$ voudrait dire que les cours subissent des mouvements violents, et un $H > 0.5$ correspondrait à la poursuite d'une tendance lourde.

Or, pour Hurst le problème consistait à trouver le barrage le mieux à même de prévenir les inondations aussi bien que les sécheresses.

Dans le cadre de cette Étude, retenons l'imbrication temporelle, suivant la démonstration de Mandelbrot[136]. Pour les marchés financiers, ceci veut dire que sur une base annuelle, ou à plus forte raison pour une période plus courte, l'évolution peut fort bien accuser une allure aléatoire, mais à plus longue échéance, une boucle de retour fera qu'elle n'est manifestement pas gaussienne, mais obéissant à une loi de puissance suivant l'exposant de Hurst, bien que Mandelbrot ait quelque peu adapté celui-ci aux besoins d'analyse de la finance.

Néanmoins, l'essentiel réside dans le fait que l'aléa n'est qu'une apparence passablement furtive, de sorte

---

[135] B. Mandelbrot et R.L. Hudson, op. cit. p. 203.

[136] B. Mandelbrot et R.L. Hudson, op.cit. réf. 'Effet Noé' et 'Effet Joseph' symbolisant rupture et continuité.

qu'apparait une prévisibilité qui exige une intervention active pour éviter une débâcle majeure. Contrairement aux prêches néo-classiques qui font confiance à une sorte de rétablissement naturel, la main de l'homme doit être présente pour orienter des évolutions qui ne se soustraient guère à toute anticipation.

L'essentiel concernant l'exposant de Hurst est ainsi la démonstration du rôle dominant de la quatrième dimension ; Mandelbrot a traduit cette analyse sur le terrain de la finance, en l'enrichissant de l'originalité de la pensée qui fut la sienne.

3. Le temps boursier

« Comme la plupart des activités humaines, la Bourse n'est pas esclave du temps des horloges physiques »[137].

Or, les horloges physiques sont multiples[138]. Qui plus est, elles diffèrent non seulement d'une espèce à l'autre, mais même au cours de la vie des individus. Il est vrai que l'espèce humaine a tendance à être en état d'éveil essentiellement à la lumière du jour, alors que certains animaux, notamment les chats, préfèrent l'ombre de la nuit pour leurs pérégrinations.

Toujours est-il que l'organisation des humains a rendu nécessaire un certain degré de coordination et donc de simultanéité, un « ordre » créé, paraît-il, pour la satisfaction des besoins, ou des désirs, des uns et des autres. Il s'agit là d'un artefact qui se révèle dès qu'une « perturbation » est décidée, tel le passage de l'heure d'hiver à l'heure d'été.

Quid alors de la Bourse ? Ici, il faut se tourner une fois de plus vers l'exposant de Hurst qui dans les modélisations de Mandelbrot des années 1960 était uniforme dans le temps, bien que fractionnaire.

---

[137] B. Mandelbrot, Fractales, Hasard et Finance, Flammarion Champs, 1997, cit. p. 185

[138] Léon Glass et Michal C. Madkey, From Clocks to Chaos, Princeton University Press 1988, ici Chapitre I

Par la suite, Mandelbrot a introduit un exposant H variable dans le temps, de sorte que le nouveau modèle est qualifié de *multifractal* : $P(t + \Delta t) - P(t) \sim (\Delta t)^{H(t)}$[139].

Un modèle datant de 1997 souligne la différence entre la *fracalité* et la *multifactalité*[140] : alors que la fractalité signifie une variabilité à toutes les échelles, la multifractalité garde certes la qualité d'auto-similarité tridimensionnelle, mais introduit une qualité non-scalante par rapport au temps. Le temps boursier (« trading time ») devient ainsi « a random distortion of clock time that accounts for changes in volatility" (op.cit., citation p. 24)

Comme l'explique Mandelbrot, il n'y a pas de raison pour que le temps d'horloge se soumette à l'exposant Hurst et le rende ainsi variable. On peut aussi bien considérer un H constant et « lui adapter » le temps boursier qui serait indépendant à la fois de l'horloge naturelle et de l'horloge artificiellement déterminée conformément aux comportements humains.

Ce raisonnement est tout à fait convaincant aujourd'hui où l'outil informatique permet l'exécution de millions de transactions boursières en quelques instants seulement. Ainsi, la Bourse « peut faire des bonds », et ce dans les deux sens. De sorte que l'ordinateur n'a certainement pas créé une continuité que l'on cherche en vain depuis toujours, et ce dans tous les domaines.

Certes, cette configuration devient encore plus complexe quand on pense aux horaires d'ouverture des Bourses dans le monde, qui sont à chaque fois adaptés aux « zones » correspondant globalement au temps d'horloge physique, celui de l'éveil des habitants.

---

[139] B. Mandelbrot, Fractales, Hasard et Finance, op. cit. pp 184-185.

[140] B. Mandelbrot, A. Fisher, Laurent Calvet, A multifractal model of Asset Returns, Yale University, 09, 1997

Néanmoins, on peut estimer que le temps est omniprésent : tout mouvement lui appartient, pour le meilleur et pour le pire, suivant les intentions et les agissements des uns et des autres. La fractale se trouve ainsi placée au centre de la vie, y compris de celle des marchés financiers.

4. La Liquidité soumise au Temps

Il a déjà été dit qu'une des déceptions – et peut-être la plus importante – de la configuration de Bâle III, réside au plan du traitement de la Liquidité qui se situe en quelque sorte « en dehors » des trois piliers retenus. On a ainsi l'impression qu'elle constitue un problème à part, d'autant plus que le sous-titre dit « *Normes mondiales de liquidité et suivi prudentiel* ».

On trouve plus loin dans la colonne dédiée à la liquidité, le rappel d'un texte datant de 2008, où figurent des « *Principes de saine gestion et de surveillance du risque de liquidité* ». « *Une révision en profondeur* » sonne alors passablement creux.

Pour ce qui est du « suivi prudentiel », il sera censé s'adresser aux instituts individuels aussi bien qu'au système dans son ensemble. Espérons que l'orientation des contrôleurs sera suffisamment synchronisée pour y parvenir !

Si le lecteur du texte intégral des Recommandations du Comité de Bâle réalise rapidement que l'origine dominante de l'ouvrage est anglo-saxonne, sur fond d'un apparent pragmatisme, ceci devient particulièrement évident à la lecture du Tableau qui porte sur les « Horizons de Liquidité des grandes catégories de facteurs de risque ».

Ici, la couverture à fournir par les banques et autres instituts financiers s'étale de 10 à 250 jours. Or, à la vue de ce tableau, on a envie de dire : **LE TEMPS N'EST PAS DU SAUCISSON !**

Sans vouloir suivre catégoriquement un fil de pensée cartésien, il faut tout de même reconnaître que le pragmatisme avéré du texte portant sur la Liquidité pourrait faire sourire, si le sujet n'était pas d'une telle gravité.

Ainsi, nous nous inscrivons en faux, à la fois contre le monolithisme des catégories et celui des délais de couverture fixés pour chacune d'entre elles.

Horizons et Spécificités

Dans le cadre du texte du Comité de Bâle, les grandes catégories de risque sont au nombre de vingt-quatre. Or, la question n'est pas de savoir si ce nombre est suffisant : il est inadéquat en tant que tel, dans la mesure où il n'admet d'abord aucune spécificité à l'intérieur des catégories, et où il fixe ensuite des barrages temporels dont la solidité est plus que douteuse.

Puisqu'il s'agit de couvrir le risque susceptible de surgir au cours d'un certain nombre de jours, les catégories paraissent comme imperméables. Sans vouloir passer en revue l'ensemble des catégories, on peut citer quelques exemples qui jettent le doute sur cette construction :

Les taux d'intérêt – En général, une évolution pouvant devenir une menace pour une banque devra être couverte sur 20 jours, alors que *la volatilité* des taux d'intérêt ATM[141] devra l'être sur 60 jours. Or, l'évolution du taux d'intérêt peut suggérer une couverture suffisante sur 60 jours, alors que dans certaines situations l'ampleur de la volatilité peut faire appel à une couverture sur 20 jours.

---

[141] ATM = « at the money », signifie que la valeur du sous-jacent et le prix d'exercice coïncident.

Les prix de l'énergie –Le début du mois de mai 2016 avait prévu une évolution probable des prix du pétrole. En effet, les incendies désastreux au Canada risquaient de rendre inopérante une partie importante des champs pétrolifères, de sorte que la surcapacité d'exploitation pouvait disparaître, ce qui aurait conduit à une augmentation du prix du baril. Même si les craintes ont reculé par la suite, cet exemple montre que les besoins en liquidité devront donc toujours être à la hauteur de la nervosité du marché.

Or, il conviendrait aussi de tenir compte des modes de fonctionnement des instituts financiers dans différentes régions du monde. En effet, les us et coutumes sont très différents, le concept de la réputation aussi. Il suffit ici de citer l'Allemagne, un pays très avancé au plan technologique, et néanmoins viscéralement attaché aux règlements en liquide au sens propre du terme, donc en billets de banque. Qui a déjà voulu régler une note même modeste en monnaie sonnante et trébuchante aux Etats-Unis, sait que la situation est l'inverse : quelqu'un qui désire payer en espèces se rend suspect.

Ce fait pèse sur bon nombre des catégories pourvues d'horizons de liquidités, conformément aux souhaits du Comité de Bâle.

Horizons et Compétitivité

La normalisation sous la forme de catégories peut par ailleurs peser sur la compétitivité des banques, et ce de différents points de vue. D'abord, les critères d'attribution des crédits et les exigences au plan des taux d'intérêt ne sont que rarement les mêmes, en dépit des taux de référence fixés par la Banque Centrale Européenne et ceux affichés par la Banque Mondiale.

Ainsi, les normes en matière de liquidité qui sont appelées à jouer un rôle dominant à l'avenir rendront plus difficile la différenciation des comportements des banques. Qui plus est, leurs spécificités ont de l'importance, plus particulièrement pour les instituts de taille modeste qui se sont construit des niches d'activités au fil du temps, concernant certaines branches ou même des groupes industriels.

Un aspect peut-être secondaire, mais faisant tout de même partie du domaine de la compétitivité, est le lien entre Liquidité et Solvabilité. En effet, en des temps difficiles au plan de la Liquidité, les instituts qui disposent de biens matériels assez rapidement liquéfiables seront avantagés par rapport à ceux pour lesquels ce n'est pas le cas.

Il n'est par ailleurs pas certain qu'en dépit des normes, une fois traduites dans les faits, certains instituts ne trouveront, grâce à leurs spécialistes, des moyens très sophistiqués pour rendre les normes moins difficiles à respecter. Il parait évident que les banques de dimensions internationales joueront sur ce plan un rôle important.

Sur un ton peut-être moins cynique, on est tenté de conclure que ni les aspects quantitatifs ni les aspects qualitatifs ne sont nécessairement concluants et/ou immuables. Il s'agit de situations qui se soustraient souvent à toute congruence, de sorte que toute activité – et réactivité – les concernant doit être vue sous un angle *sui generis*. Certes, ceci peut faire penser à la *Cité idéale*, dont on sait qu'elle n'était qu'une vision… déjà jadis.

5. Les interrogations des instituts financiers, face à « Bâle III »

Avant de poursuivre l'examen critique du projet du Comité de Bâle, et de chercher d'autres orientations, il semble utile de faire figurer l'essentiel d'un dossier qui date de 2011, mais qui garde son actualité, même si les Régulateurs ont laissé paraitre entretemps une certaine flexibilité.

C'est ainsi que la société KPMG a publié dès mars 2011 une prise de position intitulée « Bâle III : les impacts à anticiper »[142].

Trois jalons sont mis en relief, dont on peut estimer qu'ils sont largement partagés par la communauté financière dans son ensemble. En résumant, les préoccupations sont les suivantes :

La Gestion du Capital :

– Quelles sont les activités les plus soumises aux nouveaux ratios de Bâle III ?
– Quels sont les leviers qui pourront servir pour orienter la consommation de capital ?
– Quelles sont les incidences de la structure du groupe sous Bâle III ? (Filiales vs. Succursales).
– Quels seront les coûts de Bâle III en besoins de capital pour certains produits ?

[142] KPMG, Cutting through complexity, Fiancial Services, Mars 2011.

L'optimisation de la Gestion des Fonds Propres :

- Sera-t-il nécessaire de revoir l'allocation du capital entre les différents métiers ?
- Faudra-t-il céder ou restructurer certaines activités ?
- Sera-t-on obligé d'envisager l'introduction de capitaux extérieurs dans certaines configurations spécialisées, pour réduire les effets de Bâle III ?

La Gestion de la Liquidité :

- Quels sont les secteurs à problèmes en matière de liquidité (dépôts stables et instables) ?
- Quel sera l'impact de Bâle III sur le Cash-Flow, par métiers clés ?
- Les *stress tests* concernant la liquidité actuellement utilisés, seront-ils acceptables au passage effectif à Bâle III ?

Ces questions restent donc posées aujourd'hui, de sorte que nous essayerons d'y répondre, en gardant toujours en ligne de mire des évolutions futures qu'on espère dépourvues de cataclysmes, mais aussi de dépérissements plus sournois.

Ainsi, en matière de Gestion du Capital, on doit s'attendre à une baisse des activités les plus visées par Bâle III, à une réduction du nombre de succursales dans la mouvance vers l'agrégation, et à la limitation ou l'annulation de produits particulièrement gourmands en capital. On peut estimer également que les règles de Bâle III peuvent conduire à une harmonisation au plan international, mais que dans le contexte des ressources humaines, le coût social risque d'être non négligeable.

Pour ce qui est de l'optimisation de la Gestion des Fonds Propres, l'allocation du capital sera à pondérer entre les différents métiers, en tenant compte du rythme de leur rentabilisation. Quant à des restructurations, ce ne sera non seulement l'impact financier direct qui devra être pris en considération, mais aussi l'image de l'institut financier, dans la mesure où ces évolutions seront connues du grand public. Concernant l'introduction de capitaux extérieurs, il se posera la question de l'indépendance en matière de gestion.

Il semble naturel pour les banques, de considérer la gestion de la Liquidité essentiellement sous l'angle microéconomique, fut-ce celui d'un groupe bancaire. Sans aucun doute, le découpage du temps en horizons temporels va peser lourd sur les coûts du *hedging* qui risquent de conduire dans de nombreux cas à des renonciations concernant des transactions. Il s'ensuit un freinage de l'activité et donc *in fine* une perte conjoncturelle, sinon de croissance. Des *stress tests* plus sévères pourront avoir les mêmes conséquences négatives.

Qui plus est, on observe depuis peu l'émergence d'un concept appelé « block chain » qui vise la suppression des intermédiaires financiers de toute nature, dans l'intérêt du client final. Pour l'instant, les détails technologiques de ce concept ne sont pas connus, mais au-delà des effets psychologiques à redouter, il se posera ici encore la question des répercussions macroéconomiques, en termes d'emploi et donc de croissance.

Les années passant, le désarroi des instituts financiers reste, ou même augmente. Peut-on espérer que le Comité de Bâle prendra ses distances par rapport au découpage paramétrique toujours présent, et qui est à la fois trop confiant et trop naïf, si tant est que les deux qualificatifs n'aient tendance à converger ?

Il est donc indiqué d'examiner les prises de position mandelbrotiennes, pour savoir si un autre chemin ne serait pas plus prometteur pour éviter de trop fortes turbulences.

6. L'imagerie des Fractales

Les fractales ont déjà fait l'objet d'un premier examen, mais elles méritent d'être explicitées avant de tenter de jeter un pont vers la théorie du chaos ; elles doivent figurer en tant que jalons normatifs, des développements préconisés dans le contexte de Bâle III.

Benoît Mandelbrot, le « créateur » des fractales, leur a attribué deux qualités qui les caractérisent dans leur diversité, bien qu'elles soient inséparables :

- la faculté de la réduction d'échelle et
- la rugosité

Concernant la réduction d'échelle, on ne saurait mieux faire que de rappeler la définition de Mandelbrot : une fractale est « *une structure ou un objet dont les parties rappellent le tout, comme en écho, par une simple réduction d'échelle* »[143]. On perçoit ici une harmonie qui permet une transposition au plan de marchés financiers fonctionnant « bien », ce qui veut dire que vendeurs et acheteurs se rencontrent suivant des dimensions différentes, mais d'une façon essentiellement fluide.

---

[143] B. Mandelbrot et R.L. Hudson, Une approche fractale des marchés, op. cit. p. 230.

Pour rester attaché momentanément à l'imagerie mandelbrotienne, l'interprétation de la « rugosité » se retrouve sur les marchés financiers au titre de l'absence de linéarité.

Or, si le terme « fractal » rappelle le mot latin de « cassure », il ne faut surtout pas l'entendre au sens d'une destruction, mais faisant référence au contraire à la beauté de la nature qui se révèle grâce à l'étude d'une invariabilité inhérente. Une transposition dans la direction des marchés financiers peut faire sourire, mais les Traders l'adopteraient sans doute avec plaisir !

Pour rejoindre un terrain technique, Mandelbrot a posé une interrogation en termes mathématiques : la fractalité suggère une continuité, mais en suivant son raisonnement, nous avons affaire à une fonction continue dépourvue de tangente…un casse-tête qui invite à de nouveaux angles de vision, au propre comme au figuré.

Rappelons l'article publié en 1997[144] auquel il a déjà été fait référence : l'échelle du temps varie dans le contexte financier au fil des observations, et le modèle en tient compte en intégrant le concept du *temps boursier*, distinct du temps d'horloge. Cet aspect enrichit le modèle, bien qu'il ne facilite pas la tâche du non-mathématicien qui cherche à se familiariser avec la pensée de Mandelbrot.

Comme le dit R. L. Hudson citant B. Mandelbrot : « *La rugosité est l'élément incontrôlé de la vie* »[145]. Cet élément incontrôlé se retrouve de façon frappante dans le contexte boursier. Il est alors surprenant que Mandelbrot l'ait esquissé dès 1972 en se citant lui-même[146] : « *L'interaction... entre les perturbations multiplicatives et les distributions log-normale (et scalante) a des consé-*

---

[144] B. Mandelbrot, A. Fisher, Laurent Calvet, A mutifractal model of Asset Returns, Cowles Foundation, Yale University (1997)

[145] B. Mandelbrot et R.L. Hudson, op.cit., p. 12

[146] B. Mandelbrot, Fractales, Hasard et Finance, op.cit. p. 187, 'Le temps boursier multifractal'.

quences dans d'autres domaines de la science où des distributions très asymétriques se rencontrent, notamment dans les études économiques ». Nous voyons ici une ouverture prometteuse, mais qui reste toujours chez Mandelbrot, empreinte de la modestie du chercheur.

L'encadrement de la recherche fondamentale par IBM aura permis d'examiner les variations violentes des cours de bourse, et leur interdépendance dans le long terme – « la mémoire longue ». En effet, une fois le modèle gaussien abandonné, les « queues épaisses » des fonctions empiriquement établies témoignaient bien avant les bouleversements de la fin du XXe siècle, du fait de la problématique de la courbe e cloche.

Le socle de ces travaux qui conduisent aujourd'hui de la fractalité vers la multifractalité devrait faciliter la gestion des risques telle qu'elle figure dans les recommandations du Comité de Bâle, appelé Bâle III. Reprenant l'image du Pot de Fleurs, que l'on ne veuille surtout pas considérer l'étymologie de la fractalité comme un mauvais présage !

7. L'ensemble de Mandelbrot, les points fixes et le chaos dynamique

Commençons par une définition du chaos, en faisant abstraction de toute modélisation : il s'agit d'un système dynamique pourvu des deux qualités suivantes :

- Une sensibilité aux conditions initiales,
- Une omniprésence d'orbites périodiques.

Concernant la première, ceci veut dire que partant de deux points proches, le moindre écart des évolutions provoquera des conséquences très importantes. On retrouve l'image devenue classique, du battement des ailes du papillon qui provoque des tremblements de terre à l'autre bout du monde[147].

Pour ce qui est des orbites périodiques, elles comportent des points qui reviennent toujours à proximité de leur localisation antérieure, le caractère déterministe du système voulant qu'ils forment des boucles.

On assiste donc à un éloignement dû aux conditions initiales, mais la périodicité opère un rapprochement, suivi d'un nouvel éloignement, et ainsi de suite.

Ainsi, on pourrait dire qu'une obéissance certaine se cache derrière des comportements brusques et désordonnés.

[147] Edward Lorenz, 1972

On comprend aisément que la théorie des fractales, réduction d'échelle et rugosité, fut bien accueillie par les théoriciens du chaos. Comme il a été exposé antérieurement[148], l'homothétie interne telle qu'elle est caractérisée par les deux qualités chaotiques esquissées, fait que l'infini ainsi défini apparait comme un « attracteur ».

En poursuivant cette ligne de pensée, les « chaotologues » ont eu alors recours à l'algorithme de Mandelbrot déjà mentionné : $z -> z^2 + C$. Pour certaines valeurs de C, les résultats convergent, puis les nombrent augmentent vers l'infini. À partir d'un point de référence, C, le système est récurrent et boucle sur lui-même.

Le lien entre les deux branches de recherche est ainsi établi, de sorte que l'*ensemble de Mandelbrot* fait partie à la fois de la géométrie fractale et de la théorie du chaos.

Dans le cadre de cette Étude, il est important d'être conscient des itérations, des convergences et des divergences, et de la nécessité d'abandonner le mode de réflexion sous forme d'entiers. Or, le modèle de Hurst avait préalablement mis en relief le profil fractionnaire de nombreuses évolutions.

Il est certain que le concept des conditions initiales n'est pas facilement transposable au plan de la Bourse : en effet, où doit-on situer le point de départ pour envisager une suite qui de surcroît ne saurait être une issue ?

Néanmoins, la fractalité inhérente au fonctionnement des marchés financiers ne saurait être abandonnée, et on essaiera de voir comment elle se situe face aux trois piliers de Bâle III.

Pour les besoins de notre étude, il est certes important d'être conscient des itérations, des convergences et des

[148] Christine Galavielle, Le chaos bien tempéré, Revue Analyse Financière, no. 25, 2007, pp. 54-55

divergences, et de la nécessité d'abandonner le mode de réflexion sous forme d'entiers.

Ainsi, le concept des conditions initiales n'est pas facilement transposable au plan de la Bourse : en effet, où doit-on situer le point de départ pour envisager une suite qui de surcroît ne saurait être une issue ?

Néanmoins, la fractalité des comportements dans les marchés financiers doit être retenue au titre d'un modèle intéressant en tant que support pour les trois piliers de la construction de Bâle III. C'est en effet une meilleure compréhension de la nature de ces marchés, qui devrait conduire à une conciliation entre les secteurs réel et financier de l'économie, et battre en brèche l'image empreinte d'hostilité telle qu'elle paraît ci-après.

Source : Alternatives Économiques, juillet-août 2010 (page de couverture)

8. Fractalité et risques financiers des investisseurs

De façon liminaire, il convient de poser la question de savoir pourquoi la fractalité des marchés financiers possède une telle importance au plan pratique.

Or, leur fractalité inhérente fait surgir des risques dont la prise en considération s'impose à tous les agents qui exercent leurs activités dans le contexte financier, et à travers eux aux agents économiques dans leur ensemble.

Bien que les risques financiers puissent reposer sur plusieurs composantes – risque de crédit, risque d'intérêt, risque opérationnel –, ce qui compte *in fine* pour un institut financier est la confiance des clients. Cette confiance passe nécessairement par la capacité des agents bancaires, de fournir aux clients des explications suffisantes et avérées, pour que ceux-ci conservent pour la banque la qualité de… clients.

Ces explications seront naturellement très variables suivant les clients dont les comportements s'écartent souvent d'une prétendue rationalité (cf. supra, les biais en présence). Néanmoins, l'expertise bancaire devra tenir compte de quelques configurations de base, et les transmettre aux clients avec la persuasion requise.

A ce sujet, T. Velasquéz résume comme suit les analyses réalisées, dans la mouvance des travaux de

Mandelbrot, par des chercheurs tels que Borland, Bouchard, Muzy et Zumbach(2005)[149] :

- La répartition des rendements d'une action n'est pas essentiellement gaussienne, ce qui vaut plus particulièrement pour des périodes brèves où on constate un kurtosis plus fort et donc une répartition plus plate ;
- La volatilité est intermittente et accuse des corrélations pas nécessairement linéaires, à qui on a donné le nom de *clusters ;*
- Les variations des prix font apparaître un comportement d'échelle « anormal », appelé « multifractal ».

Les jalons ainsi posés soulignent d'abord la présence de queues épaisses, donc de points qui semblent atypiques, des « *outliers* » qui ne le sont pas vraiment.

Ensuite, la volatilité intermittente qui engendre l'image de *« clusters »* correspond à la configuration d'échelle qui fait que les images se retrouvent toujours, fut-ce avec des rapprochements variables.

Enfin, la « multifractalité » est un concept mandelbrotien, approfondi par les auteurs cités par T. Velasquéz, tout en maintenant le *Credo* de la fractalité en tant que tel, démontré par l'exemple des prix de titres qui peuvent évoluer selon différentes dimensions et en différentes directions.

Les spéculateurs peu enclins à accepter ces considérations, même lorsqu'elles sont présentées de façon plus facilement assimilable, risquent de pâtir de la marche malencontreusement supposée aléatoire et gaussienne, des prix des titres au fil du temps. C'est ainsi que des fortunes se font et se défont, pour le plus grand bonheur ou malheur

[149] Tania Velasquéz, Chaos Theory and the Science of Franctals, and their application in Risk Management, Copenhagen Business School, Hiver 2009, pp. 36-37

des participants dont certains recevront… un douloureux coup sur la tête.

Ainsi, la mauvaise image dont souffre « la Finance » depuis un temps certain, réside au plan d'une mauvaise interprétation : les agents économiques qui s'aventurent sur ce terrain estiment *a posteriori* d'avoir été « trompés », alors que les anticipations conduisant à des évolutions bien ou mal accueillies n'auront jamais constitué des promesses.

© Satireworld.com Bulls and Bears… Fimarkets – 23 février 2013

9. Être et avoir été

« La main plongée dans l'eau touche le dernier de ce qui fut et le premier de ce qui vient ; il y va ainsi du temps présent ».[150]

Or, pour les besoins de notre Étude, l'image des flux doit être vue de par leur nature, ce qui exclut le découpage paramétrique, comme il a déjà été souligné. Ainsi, *ce qui fut* peut être différent de *ce qui vient*, suivant « la main » plongée dans l'eau transposée, la liquidité. D'où la tentative d'une interprétation différenciée, entre investisseurs et banques.

Le profil fractal de la liquidité : analyse de l'investissement

On remarque que ce profil respecte parfaitement l'ordre du système capitaliste de l'offre et de la demande[151].

Ainsi, en présence de liquidité, le prix obtenu par les investisseurs correspondra à leurs attentes plus ou moins pertinentes. Ceci implique que des agents financiers qui disposent de différents horizons temporels pourront réaliser leurs transactions de façon efficiente. Il n'y aura pas de tensions remarquables, ni l'offre ni la demande ne pour-

[150] Citation attribuée à Léonard de Vinci.

[151] Edgar E. Peters, Fractal market analysis, 1997, John Wiley and Sons, Inc., ch. 3: A fractal market hypothesis

ront jouer un rôle dominant. Dans ces conditions, il n'y aura pas de déséquilibre entre offreurs et demandeurs.

Comme le souligne E.E. Peters, il ne faut pas confondre la liquidité avec le volume des transactions. De sorte qu'une faible liquidité est synonyme d'un volume de transactions déséquilibré.

On constate dans ce contexte que l'Hypothèse de Marchés Efficients reste muette concernant la liquidité qui de ce fait ne saurait exercer une action perturbatrice. De toute évidence, cette conception a été battue en brèche par les crises intervenues depuis un temps certain, et qui ne sauraient être considérées comme de simples accidents de parcours.

Ce qui est alors frappant, et mis en relief par E.E. Peters, concerne l'information disponible pour l'ensemble des investisseurs. En effet, la différenciation opérée par l'Hypothèse des Marchés Efficients parait simpliste, dans la mesure où l'information, même en l'absence d'initiés, ne saurait avoir un impact uniforme pour des d'investisseurs dont les horizons temporels sont différents.

Ainsi, la source de la liquidité est constituée par le comportement des investisseurs. On pourrait parler aussi de la gouvernance exercée par la liquidité des marchés. Il s'ensuit qu'il faut disposer d'un modèle du comportement des investisseurs joint aux évolutions des prix, qui satisfait l'Hypothèse des Marchés Fractals.

On constate d'abord que le marché est stable et liquide lorsque les horizons des investisseurs sont très diversifiés. On arrive alors à un point crucial en vue de la justification de l'HME : les investisseurs qui sont disposés à réaliser des transactions les uns avec les autres partageront forcément le même niveau de risque de liquidité. Ainsi, leur fonction de densité des distributions sera la même pour différents horizons d'investissement.

L'HME est satisfaite et justifiée en vertu de la structure auto-similaire ainsi établie.

En conséquence, la structure fractale s'efface en temps de crises politiques et/ou économiques ;

Alors, les investisseurs deviennent de plus en plus inquiets, ce qui conduit à une compression de leurs horizons d'investissement dans le temps. Les investisseurs dont l'horizon d'investissement était long se retirent du marché ou ne placent plus leurs capitaux qu'à court terme. Le marché devient instable, accusant une forte volatilité, de sorte que le manque de liquidité va engendrer des crises.

En ce début de 2017, on peut poser la question de savoir quelle est la situation en France. Certes, le court terme accuse un profil incertain ; néanmoins, on peut supposer que les investisseurs dans leur ensemble comptent sur un revirement politique en 2017, ce dont ils attendent une orientation (encore) plus résolument libérale, et donc moins de contraintes en matière de réglementation.

Ceci étant, on pourra s'attendre à des perturbations dont la durée est incertaine. Pour reprendre le fil du soubassement théorique, ceci voudra dire que, si dans un contexte gaussien les variations des prix sont continues et de dimensions réduites, en temps de crise (phénomène passager pour l'économie néo-classique), les discontinuités sont manifestes et occasionneront des queues épaisses au plan des rendements. Le manque de liquidités est imputable à l'uniformisation des horizons d'investissement.

Le risque de liquidité des instituts financiers

Certes, le problème de la liquidité des instituts financiers a déjà été posé, mais jusqu'ici essentiellement dans une optique de coût du *hedging* et d'une baisse ainsi occasionnée du volume des transactions. Nous nous étions alors placés dans le cadre d'une réalisation des recommandations de « Bâle III », ce qui avait entrainé une vision assez négative quant à l'évolution future, qu'elle soit micro- ou macroéconomique.

Il sera tenté, dans ce paragraphe, de retracer les risques de liquidité qu'encourent les instituts financiers, à la lumière de la fractalité des marchés financiers.[152] On constatera que ces risques dépassent le cadre des recommandations de Bâle III, devant la réalité de la fractalité des marchés financiers.

Or, s'il n'est guère possible ici de procéder à ce que nous avions appelé précédemment une évaluation *sui generis,* il semble approprié de procéder à des analyses approfondies, et d'établir des critères qui peuvent concourir à une gestion la plus éloignée possible des risques majeurs, pour échapper à l'avenir à des crises graves comme celles que nous avons connues.

Ce faisant, il va presque sans dire qu'un tel comportement qu'on est tenté d'appeler « obéissance » à des règles, évoque en même temps la problématique de la concurrence entre les banques, déjà soulignée dans le contexte de Bâle III.

Plusieurs critères essentiels peuvent ainsi être recensés, concernant l'ensemble des titres négociables en Bourse :

– I) Le niveau de titres sécurisés et facilement négociables, y compris dans des situations perturbées de marché. Ceci signifie que la facilité de négociation est fractale, en vertu des horizons variables des investisseurs. Les « situations perturbées » font appel à des périodes plus ou moins limitées dans le temps où les horizons d'investissement se rapprochent sans pour autant conduire à un effondrement des cotations. Quelle devrait alors être la nature des titres pour empêcher des crises ? On peut envisager des

[152] Daniel Jolliet SARL, janvier 2012, Tweeter

titres qui gardent la confiance des investisseurs même dans des situations extrêmes (assassinats politiques), où le contexte de la souveraineté aide à maintenir un niveau de risque comparable pour différents horizons d'investissement. Dans le cas contraire, le marché manquera de liquidités, et la crise sera manifeste.

- II) La capacité de refinancement de la banque sur les marchés ou auprès de la Banque Centrale. Or, si la capacité d'un refinancement se trouve de nos jours globalisée, il n'y va pas nécessairement de même auprès de toutes les banques centrales, que ce soit en Europe ou ailleurs. Bien entendu, la BCE joue ici un rôle très important, dans la mesure où elle désigne les titres et créances privés éligibles à ses appels d'offres, de même que les créances hypothécaires et autres créances adossées à des obligations sécurisées. À la lumière des événements récents, ces éléments sécurisables permettront le maintien d'une fractalité accompagnée d'un risque comparable devant des horizons d'investissement différents, pour ne pas perdre pied dans une crise captivante.
- III) La stabilité des ressources à vue, ainsi que celle de l'épargne et des dépôts longs des clients. On rencontre ici un double facteur inquiétant, aussi bien en ce qui concerne la stabilité à vue que les dépôts longs. On peut remarquer de façon liminaire qu'il ne saurait être question aujourd'hui d'« investissement », s'agissant de dépôts à vue, la rémunération frôlant un taux zéro. Les dépôts longs sont certes assortis d'un faible taux d'intérêt, mais en vertu de cette rémunération qui peut paraitre négligeable, la tentation de se tourner vers d'autres supports est grande.

Ce critère témoignant de la fractalité du marché nous parait particulièrement délicat, étant donné qu'une telle stabilité constitue un conglomérat, pour ne pas l'appeler un *imbroglio,* à composantes multiples. Pour ce qui est des dépôts à vue, des retraits massifs témoigneraient effectivement d'une crise déjà avérée ; il suffit de penser aux queues devant les banques en mai 68. Néanmoins, une baisse importante de cette ressource des banques constituerait un affaiblissement sensible des ressources bancaires et donc un doute jeté sur l'horizon temporel rapproché. Pour ce qui est de l'épargne longue, son évolution ne reflète pas seulement celle de l'horizon temporel du fait de la gestion bancaire, mais également la main protectrice de l'État qui garantit en France les avoirs des agents économiques jusqu'à concurrence de 150.000€. Certes, cette garantie s'adresse également aux avoirs à vue, mais son rôle y parait en réalité bien plus réduit. Ainsi, pour empêcher une quasi-confusion des horizons temporels, entre ressources à vue en baisse et ressources « longues » également plus faibles et de surcroît moins longues, les banques sont appelées à faire preuve d'imagination, pour présenter des incitations suffisamment convaincantes aux clients, sous la forme d'accompagnements les plus divers dans leurs transactions.

– IV) Les besoins de liquidité devant une augmentation abrupte des coûts de liquidité. Il est fait appel ici aux *stress tests* pratiqués par toutes les banques suivant des critères variables. Or, le souci d'une banque doit être de pouvoir financer devant un horizon temporel devenant extrêmement court, des besoins immédiats. Ainsi, en cas d'insuffisance de ressources déjà liquides, elle doit pouvoir liquéfier des actifs suffisants pour couvrir les besoins nouveaux.

10. Les oubliés des Régulateurs

« Liqudity black holes » (La rareté extrême de liquidité)

Ce phénomène qui a vu une certaine extension et intensification depuis les années 90, pose des problèmes particuliers aux investisseurs ainsi qu'aux Régulateurs. Pour les instituts financiers, il s'agit non seulement de la prise en considération de la volatilité des prix, mais dans certaines situations de la *possibilité* d'une négociation.

En effet, l'incertitude d'une liquidité suffisante peut faire que des investisseurs quittent purement et simplement certains marchés. Le *« liqudity black hole »* désigne alors une situation où les prix aussi bien que la demande chutent simultanément – ou du moins de façon très étroitement liée dans le temps. Il y a de moins en moins d'acheteurs, en dépit du niveau des prix en baisse. L'image couramment invoquée désigne alors un marché « qui ne se place plus que d'un seul côté », celui des vendeurs.

Un des meilleurs exemples est certainement le *crash* à la Bourse de New York en octobre 1987. Les *traders* vendaient alors immédiatement après une baisse des prix, pour racheter aussitôt à la suite d'une augmentation de ceux-ci. Cette stratégie appelée *assurance du portefeuille* avait déclenché un mouvement moutonnier, avec la conséquence des mouvements si rapides que la New York Stock

Exchange ne pouvait plus suivre les indications des modèles informatiques engendrés du côté des Traders.

Or, sur le plan général et comme le constate Avinash Persaud[153], la taille du marché n'est pas déterminante en matière de liquidité. On observe plutôt une influence positive du fait d'une multiplicité d'agents sur un marché : plus ils sont nombreux, plus le marché sera liquide. Devant cette observation, il faut admettre qu'aujourd'hui la situation évolue plutôt en sens contraire : les investisseurs ont tendance à être de plus en plus regroupés sur les différents marchés qui sont coiffés par une gestion du risque consolidé. Ce phénomène se trouve par ailleurs renforcé par des coûts d'information en baisse en vertu d'économies d'échelle.

Néanmoins, la baisse des coûts de l'information réalisée grâce à l'évolution de l'informatique a eu des effets ambigus : il y a de moins en moins d'initiés qui obtiendraient l'information en priorité, de sorte qu'on peut donner raison à A. Persaud, pour constater que les marchés sont devenus plus transparents, ce qui a en même temps fait baisser leur liquidité.

Ce raisonnement est d'autant plus convaincant que les regroupements entre investisseurs occasionnent souvent une forte réduction de la diversité ; ceci peut avoir pour résultat un assèchement d'un marché spécifique, parce que le vendeur potentiel n'est pas en mesure de trouver une contrepartie.

L'auteur associe par ailleurs aux « *liquidity black holes* » le terme de « volatilité de la volatilité » qui traduit bien l'idée de la mouvance, pour ne pas dire de l'entropie. Fait inquiétant, on observe depuis un temps certain de tels phénomènes sur des marchés traditionnellement très li-

---

[153] A. Persaud, Edition Risikomanagement, Union Investment Institutional GmbH, janvier 2006

quides, comme entre autres le marché des devises et celui des Bons du Trésor US.

Or, on a également pu observer des situations où la liquidité moyenne, tous marchés particuliers confondus, avait repris, et où néanmoins des *« black holes »* s'étaient maintenues, apparemment en signe de méfiance des investisseurs concernant certains marchés spécifiques.

Quant à l'appréciation quantitative, il a été proposé de déterminer les jours où l'évolution des prix sur un certain marché s'écartait d'au moins 2 écarts-types du changement journalier de la moyenne des prix observé sur le marché global. On a ainsi pu mesurer des *spikes* de plus en plus nombreux au fil du temps.

Cependant, le raisonnement en termes d'écarts-types est quelque peu ambigu. Si nous nous trouvons dans un contexte gaussien, ce que suggère le critère de l'écart-type, on part de l'hypothèse qu'au plan des distributions probabilistiques, la loi de la moyenne est la même que la loi de chaque partie. Qu'il nous soit permis de rappeler la question posée par Paul Lévy, à savoir si une loi quelle qu'elle soit est infiniment divisible. Par ailleurs, un choc subi par le CAC40 à la hausse n'aura pas la même distribution de probabilité qu'un choc subi à la baisse.

Toujours est-il que le phénomène des trous noirs ne semble pas nécessairement suivre une tendance, ou un cycle, dans l'évolution des titres. Est-ce pour cette raison que les Régulateurs n'en ont pas tenu compte ? Toujours est-il que ce hiatus a été remarqué et commenté, entre autres par Mario Tonveronachi, lors d'un Workshop organisé à New Delhi, en 2014[154].

---

[154] Macroeconomic management and financial regulation in core countries and the periphery, Workshop organized by CAFRAL, Levy Economics Institute and IDEAs, 6-10 January 2014

L'auteur de cet exposé commente la prise en compte des problèmes de liquidité, en soulignant la complexité accrue engendrée par « Bâle III », de l'interaction des nouvelles exigences au plan du capital et de la liquidité, et l'influence ainsi exercée sur la forme de la fonction des rendements. Néanmoins, il insiste plus particulièrement sur l'absence des « black holes » en tant que phénomène dans les recommandations de « Bâle III » pourtant considérés comme typiques des crises systémiques (page 13 de l'exposé).

Or, une analyse plus ancienne de Stephen Morris et Hyun Song Shin examine et analyse la nature de ces situations d'une rareté extrême de liquidité[155]. Ainsi, les *liquidity black holes* ne sauraient être considérées à la base comme des changements importants des prix. Ce ne seraient donc pas les prix qui déclencheraient ce phénomène.

En fait, les *liquidity black holes* semblent s'approfondir en vertu des réactions endogènes des Traders. Lorsque les prix baissent dans des proportions importantes, les Traders se rapprochent de leurs « limites de perte », en fonction d'un marché qui n'est plus un lieu de rencontre entre vendeurs et acheteurs, mais où les vendeurs ne trouvent plus d'écho de la part d'acheteurs disparus dans le trou noir. Au plan technique, il intervient aussi la relation d'agence qui pose des limites de perte, à l'intérieur même des instituts financiers.

L'importance du danger de *liquidity black holes* pour notre recherche est évidente ; si on pourrait penser que l'approche plus globale de Bâle III serait un remède préventif, les remarques suivantes s'imposent :

L'orientation suivie par les Régulateurs est certes plus macro-prudentielle qu'elle ne l'était auparavant, c'est-à-dire pus systémique. On constate en effet que les modèles devant mettre à l'abri les instituts financiers, par rapport

---

[155] St. Morris and H. Song Shin, Liquidity Black Holes, Review of Finance 8 : 1-18, 2004, Kluwer Academic Publishers.

aux crises importantes, ont dû céder la place dans une assez large mesure à des modèles d'une portée plus générale, approuvés *a priori* par les Régulateurs. L'orientation concerne à juste titre le bien-être public, et une répartition des risques sur un plan moins délimité d'un point de vue quantitatif aussi bien que qualitatif.

Or, nous estimons qu'en vertu de la concentration gestionnaire (cf. supra), l'essentiel est autre. En effet, les volatilités vont finir par retrouver des valeurs moyennes de long terme. Les investisseurs à plus long terme ne devraient donc pas procéder à des ajustements trop importants. Ce sont plutôt les Régulateurs qui devraient appliquer des critères différents à des gestionnaires d'actifs d'une part, et à des responsables de *hedge funds* d'autre part. En effet, si les règles étaient différentes, les stratégies des acteurs du marché ne seraient pas les mêmes, c'est-à-dire qu'on assisterait à une concentration moins forte des comportements dont la problématique a déjà été soulignée ci-dessus.

Certes, ce ne sera pas encore le traitement *sui generis* considéré comme préférable (cf. supra), mais un premier pas dans cette direction.

Néanmoins, ceci conduirait inexorablement à une reconnaissance par les Régulateurs, de la nature fractale du phénomène des « black holes », en vertu du rapprochement des horizons temporels des Traders, caractérisé *in fine* par une implosion malfaisante au plan macroéconomique, en l'absence d'interventions institutionnalisées.

Peut-on espérer pareille clairvoyance, à la lumière des recommandations présentes ?

Short Squeeze (Pression sur l'investisseur à découvert)

Le danger d'une réalisation de cette configuration n'est pas moindre que celui des « black holes », mais cette autre crise de liquidité est néanmoins très différente de la précédente, quant à ces origines et à son évolution.

Le terme désigne une liquidation forcée de positions courtes, la position courte signifiant d'être vendeur, comme on vient de le voir. L'image du terme anglais est très parlante : les vendeurs sont « mis sous pression » au point d'être obligés d'abandonner leurs positions.

Pourquoi seraient-ils « sous pression » ? Normalement, parce que le marché donne des signes positifs concernant l'évolution des cours. Ainsi, les Traders ne verront d'autres possibilités que de liquider leurs positions, même si cela entraine des pertes substantielles. Or, si un nombre suffisant de vendeurs est ainsi amené à couvrir des positions en rachetant le titre en question, l'envolée du prix risque d'être encore plus substantielle.

Le phénomène du « short squeeze » est le plus souvent déclenché par des appels de marge. Il s'agit ici d'une augmentation du dépôt de garantie considéré comme l'équivalent de deux jours de perte maximale supportable pour le Trader. Le montant est alors fonction de la variation du cours du titre sous-jacent. L'appel de marge renseigne ainsi le Trader, du fait qu'il a atteint sa limite de perte. S'il n'est pas en mesure de donner suite à l'appel de marge, il devra déboucler sa position, ce qui veut dire qu'il sera obligé d'acheter le titre sous-jacent et d'encaisser la perte.

Par définition, le gain du titre sous-jacent est une mauvaise surprise pour l'investisseur en tant que spéculateur : il est puni du fait de son pessimisme.

Dans cette situation, comme dans le cas des *liquidity black holes,* se pose la question de la signification globale en termes de bien-être public.

Cette question est d'autant plus justifiée qu'à l'heure actuelle c'est surtout le secteur de la politique de santé où surgissent fréquemment des problèmes de cette nature. En effet, lorsqu'une entreprise produisant des médicaments est engagée dans des essais cliniques portant sur un nouveau produit, il règne souvent un scepticisme certain, étant donné des expériences antérieures. Ainsi, le titre accusera momentanément une baisse.

S'il s'avère par la suite que les résultats des tests sont positifs et que ce nouveau médicament est donc efficace, le titre va évoluer à la hausse, et il pourra même bondir si le succès avéré parait spectaculaire.

Quelle sera alors la réaction des actionnaires ? Ils mettront probablement le Conseil d'Administration sous pression, pour que la distribution du dividende enregistre cette évolution positive. Ainsi, l'effet en termes de bien-être public sera incertain, puisque la majorité des citoyens ne détient pas d'actions, ni dans des entreprises du secteur de la santé, ni ailleurs.

Pour atténuer quelque peu le pessimisme inhérent à ce qui vient d'être dit, il est opportun de mentionner le fait que les autorités françaises compétentes en matière de santé publique ont exercé récemment une pression sévère sur une société pratiquant une politique des prix considérée comme abusive, à la suite du succès d'un nouveau médicament efficace contre la DMLA[156]. On souhaiterait que cet exemple détourne d'autres offreurs de tentatives similaires.

Ainsi, les deux configurations, c'est-à-dire celle des *liquidity black holes* et celle du *short squeeze,* opposent l'orientation des investisseurs à plus long terme, à celle des spéculateurs dont les agissements ne méritent au fond pas le terme d'« investissement », tant leurs procédés révèlent la poursuite de l'appât du gain, sans considération allant au-delà de l'intérêt micro-économique.

[156] Dégénérescence maculaire liée à l'âge

11. Visions présentes de la Fractalité

Il parait désormais indiqué d'évoquer les tentatives de modélisation assez récentes, pour tenir compte de la nature des marchés financiers.

On peut remarquer, avant de développer différentes approches, que la fractalité est en elle-même une *contrainte* qui possède des propriétés, surtout celle de la *similarité*, donc un facteur de proportionnalité sur lequel repose cette contrainte. Le sous-jacent gaussien offre une assez bonne homogénéité, étant donné que seul l'écart-type a changé.

La modélisation « fractale » de l'indice CAC 40 par Plan De Trading[157]

Le texte pointe d'abord de façon assez parlante une « résurgence » du comportement boursier des actifs. Or, ce qui est déroutant dès le début de cette présentation, est la constatation suivante qui se trouve à la première page :

« Si les marchés financiers évoluent selon un processus purement aléatoire, il n'en demeure pas moins qu'il existe un certain ordre dans ce chaos. Ordre qu'on peut mettre à profit pour trader ».

On doit alors constater à regret que cette modélisation spécifique souffre d'un certain manque de soubassement

[157] Posté sur Bourse Binaire le 10 mars 2014

scientifique. En effet, la fonction qui est à la base de ce modèle ne saurait être qu'aléatoire ou non aléatoire, elle ne saurait changer « en cours de route » ou cacher « un certain ordre ».

Hélas, la méthode présentée reste passablement désordonnée, puisqu'elle fait référence à « l'invariance d'échelle » tout en évoquant le caractère aléatoire des évolutions « dans plus de 90% des cas ».

Les auteurs de « Plan de Trading » soulignent le fait que leur méthode de découpage « en vagues » en guise d'échelle aurait fait ses preuves depuis environ 5 ans. Or, la possibilité d'« anticiper » ces vagues reste limitée, une queue épaisse pouvant fort bien cacher son jeu pendant un laps de temps prolongé, ce jeu se situant en toile de fond de l'appât du gain…

Ainsi, une telle modélisation ne saurait guère constituer un rempart à l'encontre d'une nouvelle « casse » virtuellement contagieuse, même si ses effets pouvaient paraître dans un premier temps limités aux investisseurs directement concernés.

Les contournements de la loi gaussienne

Des tentatives de cette nature ont été entreprises dans la mouvance de la constatation quasi-unanimement acceptée, suivant laquelle la Loi de Gauss est mal adaptée pour juger des probabilités de « casse » dans le contexte financier, autrement dit elle ne tient pas compte de l'épaisseur des queues des distributions des probabilités observées.

Nous voudrions signaler un ouvrage pouvant permettre d'aller plus loin dans la problématique des fonctions concernées dont l'interprétation reste évolutive et souvent déconcertante[158]. Néanmoins, l'objectif essentiel de cette

[158] Jacques Levy Véhel et Christian Walter, Les marchés financiers, PUF Finance, 2002.

recherche permet de nous limiter ici à l'esquisse des difficultés en présence.

Ainsi, avec la loi de Gauss on peut construire des intervalles de confiance à partir de la variance observée ; ceci est également possible à partir de la loi exponentielle. Il est néanmoins moins facile d'établir des intervalles de confiance sur le plan des fonctions de puissance.

Autrement dit, l'« écrasement » de la fonction sera très rapide dans le cas de la fonction de Gauss, moins rapide dans le cas de la loi exponentielle, et **encore moins rapide lorsqu'on part de l'hypothèse d'une loi de puissance.**

Ces constatations sont sûrement à même d'inciter à la prudence face au risque, surtout au plan des instituts financiers. La situation est rendue complexe du fait qu'un « a » de proportionnalité négatif (cf. supra) peut fort bien varier suivant les clients, des tranches ou des catégories d'activités. Il faudra alors changer de loi de puissance, pour pouvoir traiter les différentes situations de façon adéquate.

Dans une contribution récente, Xavier Gabaix[159] applique l'hypothèse des lois de puissance pour, entre autres, tenter une explication des grands « crashs » récents par ce biais. Étant donné que les grandes sociétés risquent d'exercer une forte influence sur les cours de bourse, elles essaient de limiter l'impact de leurs transactions en y procédant de façon espacée. Or, lorsque ceci s'avère difficile, de sorte que ces sociétés sont pressées par le temps, elles risquent de se trouver sur des marchés illiquides, ce qui peut conduire à de fortes chutes et même des crashes.

C'est ainsi qu'on pourrait expliquer le crash de LTCM (Long Term Capial Management) en 1998. Comme l'explique X. Gabaix (op.cit. p. 199), la vitesse imposée à

---

[159] X. Gabaix, Power Laws in Economics: An Introduction, Journal of Economic Perspectives, vol. 30, no. 1, Winter 2016, pp. 185 - 206

la Société Générale pour liquider d'importantes positions de titres à la suite de « l'affaire Kerviel » n'a heureusement pas causé un véritable crash, mais tout de même une chute de 6% des bourses européennes le 21 janvier 2008.

On constate ici encore que ce qui devrait être exceptionnel l'est en réalité nettement moins, de sorte que les « queues épaisses » qui en résultent sont pour l'instant mieux saisies par les lois de puissance que par d'autres constructions.

12. La Finance : cristallisation des contradictions

Réflexions liminaires

La mention du « secteur financier » est depuis assez longtemps devenue si courante et souvent plus ou moins abusivement dédaigneuse, que son contenu ne semble plus faire appel à une définition telle qu'elle existe dans d'autres domaines.

C'est en effet le cadrage par le terme « secteur » qui manque de pertinence, dans la mesure où il n'est guère possible de trouver ici une démarcation comparable à celle d'autres groupements d'activités, bien que là encore les coupures et les interfaces ne soient souvent pas très nettes.

C'est ainsi que « La Finance » tant décriée a accédé en ce début du XXIe siècle au grade peu enviable d'une nébuleuse omniprésente dont tout le monde se méfie. Or, l'expression « tout le monde » fait effectivement référence à la société dans son ensemble, aux personnes dont les activités semblent moins concernées par les phénomènes financiers, ainsi qu'à ceux qui passent pour des initiés, sinon pour des responsables en la matière.

Cependant, le monde de la finance est omniprésent, et d'imaginer sa disparition semblerait aussi aberrant sinon comique, que l'abandon par les hommes (et les femmes) de la station debout.

En conséquence, nous y voilà confrontés avec ce compagnon de route pénétrant au sens propre du terme, puisque présent auprès de toute entreprise humaine, y compris au plan des activités non marchandes, puisque là encore ce qui ne sera pas vendu aura dû être créé à l'aide d'une contribution monétaire.

Or, on peut toujours poser la question de l'évolution de l'humanité, en l'absence du moyen d'échange qu'est la monnaie, et dans un deuxième temps, sans la possibilité de faire fructifier cette matière en elle-même stérile. Il s'ensuit tout naturellement la recherche de la croissance, problème au centre de la politique économique partout dans le monde à l'heure actuelle.

En effet, les besoins de subsistance étant essentiellement les mêmes pour tous les humains, quel serait l'intérêt de posséder deux vaches à la place d'une, en reconnaissance d'un travail fourni, si la famille n'a l'utilité que du lait d'une seule vache ?

Nous n'allons pas retracer le chemin qui a conduit de la monnaie métallique de jadis jusqu'aux dérivés des sous-jacents qui nous accompagnent bon gré mal gré aujourd'hui. Plutôt que de dire « sans finance, pas de croissance », remplaçons la 'finance' par 'l'appât du gain', un concept dont l'existence est suffisamment universelle pour le rendre instrumental.

Toujours est-il que la mise en question de la Finance en tant que dynamique agissante n'a véritablement commencé qu'au cours de la première moitié du XXe siècle, les débâcles antérieures ayant été rattachées de façon plutôt ponctuelle à des personnes (John Law) ou à des phénomènes naturels (la crise des tulipes).

Les crises financières sont-elles désormais une menace permanente inévitable ? « Un moindre mal », diront certains, « la punition du capitalisme », diront d'autres.

En essayant de prendre un certain recul, nous allons jeter un regard sur des prises de position dont le dénominateur commun pourrait porter le nom de « Prudence ».

L'interprétation schumpeterienne

Au début du XXe siècle, avant la Grande Crise de 1929, Joseph Schumpeter défendait l'importance des intermédiaires financiers au service du développement, tout en soulignant certaines réserves qui allaient dans la direction d'un encadrement politique.[160]

Toujours est-il que conformément à l'analyse schumpétérienne du rôle principal de l'entreprise au plan de la croissance, différents indicateurs généralement retenus peuvent fournir des repères concernant les rapports entre les secteurs « réel » et le « financier ».

Néanmoins, et avant de mettre en relief de tels indicateurs, il convient de rappeler une citation de Joan Robinson qui figure dans l'exposé auquel fait référence la note (25) : « It seems to be the case that where enterprise leads, finance follows »[161].

Il nous semble que cette vision est primordiale : contrairement à l'orientation schumpeterienne, ce ne serait donc pas l'évolution du système financier, sous l'égide du pouvoir politique, qui ferait figure de *spiritus rector* de l'évolution macro- et microéconomique du pays, mais la dynamique entrepreneuriale qui conduirait à l'essor du Secteur financier.

---

[160] Robert G. King, Ross Levine, Finance and Growth : Schumpeter might be right, The Quarterly Journal of Economics, vol. 108, no. 3 (1993)

[161] Joan Robinson, The rate of interest and other essays, London, MacMillan, 1952, p.86

Or, un indicateur souvent utilisé concernant la relation entre l'importance du système financier et celle du Produit Intérieur Brut mesure le volume de la dette liquide des intermédiaires financiers par rapport au PIB. Il s'agit ici de M3, qui comprend la monnaie en présence en dehors du système bancaire, plus les dépôts et comptes rémunérés auprès des institutions financières.

Qu'il nous soit permis de mettre entre parenthèses momentanément la question du « coup d'envoi » émanant de l'entrepreneur ou du banquier, pour souligner un fait présent aujourd'hui, aux Etats-Unis d'abord, mais également en Europe : des fonds liquides abondent chez de trop nombreuses entreprises, en mal d'investissement. De sorte qu'il existe ici un hiatus au plan du coefficient « fonds liquides/PIB », quelle que soit la précédence que l'on veuille accorder à l'un ou à l'autre.

Où situer alors les efforts entrepris par les Régulateurs de Bâle ? Leur souci premier semble être la liquidité ; on est alors frappé par un phénomène observable dans la vie courante : l'offre de crédit à des taux extrêmement bas de la part de l'ensemble des institutions financières.

Cette situation trouve son apogée dans ce qui est appelé malencontreusement un « regroupement de crédits ». Cette pratique s'adresse certes aux ménages et point aux entreprises, mais elle est tout de même caractéristique d'un procédé de faux-semblants qui ne saurait guère contribuer à une amélioration de l'image des institutions financières, déjà en mal de reconnaissance.

Néanmoins, on retrouve la figure du Régulateur, du fait que « tout crédit doit être remboursé », et du fait qu'une transposition de la situation des ménages à celle des entreprises sous forme de « crédits relais » pourrait nous rapprocher à l'idée de la casse, répandue par l'effet de contagion.

Quoi qu'il en soit, on ne saurait guère blâmer Joseph Schumpeter, du fait de ne pas avoir envisagé un tel scénario à la Belle Époque, celle d'avant la Grande Guerre.

Or, si l'image de Joseph Schumpeter transmise aux générations suivantes est d'abord celle de la croissance rendue possible par l'initiative de l'entrepreneur soutenu par un réseau d'institutions financières, cette vision se heurte aujourd'hui à un aveu de carence : comme le montrent les exemples certes quelque peu anecdotiques, le système financier ne peut jouer son rôle que si le relais de l'offre transmet les exigences de la demande. Et c'est là où le bât blesse aujourd'hui, pour cause d'une politique économique au chevet de l'offre plutôt qu'aux côtés d'une demande qui cherche son souffle.

En toile de fond de ces considérations, nous rencontrons le piège essentiel de la situation actuelle : l'incertitude dont les méfaits nous mènent du rebord de fenêtre et du pot de fleurs vacillant, jusqu'aux craintes des consommateurs et entrepreneurs à beaucoup d'égards comparables.

Cependant, sans perdre de vue la tâche première des Régulateurs de Bâle, d'autres aspects qui ont évolué au fil du temps, méritent d'être esquissés.

Financements internes et externes de l'investissement

Il a été dit préalablement que le monde de la Finance vit en symbiose avec le monde matériel dans ses manifestations les plus diverses. D'où la nécessité d'être quelque peu plus explicite à cet égard, plus particulièrement dans l'optique de l'écartement de débâcles à venir.

En effet, l'abondance de liquidités susmentionnée pourrait suggérer, dans une large mesure, la renonciation au financement externe. Néanmoins, la structure de l'ensemble des entreprises en Europe et notamment en

France, est trop hétérogène pour qu'il soit justifié de conclure à une mise entre parenthèses de la finance externe, dans la situation présente.

C'est ainsi que les PMEs qui comptent pour plus de 50% de la production industrielle et de l'emploi en Europe, dépendent du financement externe indirect, c'est-à-dire des banques, dans la mesure où elles n'ont pas accès au marché financier. En même temps, il faut être conscient du fait qu'un pourcentage important des innovations techniques proviennent de cette catégorie d'entreprises qui ont trop souvent du mal à convaincre les banques du bien-fondé de leurs projets.

Or, avant de considérer plus en détail leurs insuffisances, on peut regretter le caractère très sommaire des recommandations (ou des règles en voie d'exécution) établies par les Régulateurs de Bâle. Ce regret est double : il concerne au départ une modélisation des critères de gestion bancaire désormais éloignée de l'initiative des instituts financiers (modèles internes), pour être relayée par des modèles « standardisés », que ce soit dans le domaine des fonds propres ou dans le contexte de la liquidité[162].

Certes, le document du Comité de Bâle vise essentiellement le « Trading Book » des Banques dans leur ensemble, mais on aurait pu espérer une prise en considération de critères qui relient la problématique financière aux besoins de croissance[163].

Les recherches de R. G. Rajan et L. Zingales, comme d'autres datant d'avant la rédaction de « Bâle III », concluent à l'importance du développement différencié des

---

[162] Basel Committee on Banking Supervision, Consultative Document, Sections 2 et 3 (pp. 23 – 34), 2013

[163] Raghuram G. Rajan, Luigi Zingales, Financial Dependence and Growth, The American Economic Review, vol. 88, no. 3 (juin 1998, pp. 559 – 586.)

pays, qui fait que l'infrastructure financière peut orienter de façon essentielle l'essor économique des pays émergents, au titre d'un rôle *ex ante,* et au profit de la croissance *ex post* des secteurs qui dépendent du financement externe. Ce mode de financement sera nécessairement d'abord indirect, donc bancaire, avant de pouvoir devenir ultérieurement direct, sous forme d'émission d'obligations et d'actions.

En regardant quelques années seulement en arrière, on pourrait avoir l'impression que les turbulences financières récentes n'ont que peu affecté le mode de pensée des Régulateurs, alors que des ruptures profondes se sont fait jour. Il s'avère en effet que les ébauches d'une meilleure harmonisation, du moins en Europe, des dynamiques financières et réelles ont été bloquées par les événements des années 2007-2008.

Profil d'un effondrement[164]

Alors que les Régulateurs du Comité de Bâle mettaient pour ainsi dire la dernière main à leurs Recommandations, version 2013, l'économie réelle de l'UE avait vu son investissement baisser d'environ 20% par rapport à 2008.

Cet effondrement est attribué majoritairement à l'incertitude de l'évolution des économies réelles du monde dans son ensemble, accentuée par les dettes souveraines de nombreux pays européens. Il est alors important de souligner que la crise de l'investissement ne saurait être attribuée généralement à un accès défaillant au marché financier. Comme nous l'avons déjà fait remarquer, les liquidités abondent pendant la crise, ce qui doit être attribué d'abord à une réduction des coûts, voulant dire par là

[164] Debora Revoltella, the European Investment Crisis, Intereconomics, vol. 40, juillet/août 2014, no. 4

une politique des ressources humaines qui n'a pu que contribuer à l'endettement des États, du fait de l'alourdissement des coûts sociaux.

Bien entendu, la baisse des taux d'intérêt a également joué son rôle, au point où les dettes publiques ont pu être partiellement financées à partir de l'épargne des entreprises.

Or, l'ambiance d'incertitude, pour ne pas parler de méfiance concernant les politiques menées par les dirigeants de nombreux pays européens, a littéralement « bloqué » l'investissement, ce qui a eu des conséquences sur plusieurs fronts :

- Obsolescence du capital installé, due au non-remplacement des équipements industriels, souvent au-delà de l'amortissement comptable ;
- Renonciation à l'utilisation des nouvelles technologies disponibles ;
- Absence d'une politique de formation du personnel, indispensable pourtant en vue d'un emploi utile des ressources humaines disponibles.

Lorsqu'on fait la somme de ces manquements, on y trouve une aversion au risque opposée à l'esprit entrepreneurial, beaucoup moins présent, même au cours des années de crise, au Japon et aux Etats-Unis, ce qui a entraîné l'Europe dans un cercle vicieux de pertes sur plus d'un plan.

On remarque par ailleurs qu'en termes de PIB, l'investissement public est désormais plus élevé qu'avant la crise ; on doit y voir une ébauche de politique keynésienne, ce qui semble difficilement compatible avec l'esprit libéral dominant des politiques économiques en Europe.

La fragmentation des marchés financiers

Commençons par une définition : L'intégration du marché financier européen est traditionnellement mesurée sur la base du taux d'intérêt interbancaire à 3 mois[165].

L'évolution vers cette intégration avait assez bien progressé, jusqu'à ce qu'intervienne l'effondrement de la Banque Lehman Brothers en 2008. Ceci avait dans un premier temps créé des suspicions et des incertitudes concernant d'éventuels autres crashes bancaires, mais même en l'absence d'événements similaires, il faut constater que le mal avait été fait :

En août 2011 s'était fait jour la cristallisation des craintes sur un plan plus général, commentée « à chaud » par le Directeur du « Centre for European Policy Studies ».[166] L'imagerie de l'auteur est si remarquable qu'elle mérite de figurer ici.

Il appelle en effet la Grèce « le canari de l'Europe ». Cet oiseau avait souvent été introduit dans les mines de charbon, puisqu'il succombe plus vite aux gaz dangereux que les humains. En conséquence, la mort de ce compagnon de travail signalait la nécessité de faire remonter les mineurs à la surface au plus vite.

Ainsi, la Grèce avait fait figure de canari de l'Europe, mais le sauvetage de ce pays avait été considéré à tort comme un incident isolé et un problème à part.

Or, très vite revenaient les craintes concernant l'évolution des dettes publiques dans leur ensemble, les marchés financiers refusant désormais de refinancer désormais les dettes publiques jugées excessives.

En attendant, même si les craintes que d'autres initiatives de « sauvetage » concernant par exemple l'Irlande, se

[165] BBVA Research, Working Paper 13/22, Madrid, juillet 2013
[166] D. Gros, CEPR, Bruxelles, dans VOX, CEPR's Policy Portal (11 août 2011)

sont quelque peu éloignées, le mal était fait : l'incertitude de la destinée économique et donc *in fine* politique de l'Europe pèse toujours sur la capacité des États, de retrouver une union autre qu'hypothétique.

Ainsi, si la fragmentation peut ne pas paraitre comme aussi spectaculaire qu'une chute généralisée des cours de Bourse, elle constitue néanmoins une régression frappante et en attendant durable par rapport à la convergence tant espérée dans la mouvance de la monnaie européenne. Depuis, on peut parler sans hésiter d'une nouvelle « casse » dont les débris ont frappé lourdement les économies réelles.

Or, avant d'évoquer des aspects plus techniques qui barrent encore aujourd'hui le chemin d'une véritable convergence, il convient d'évoquer les composantes de la fragmentation, suivant leur nature générale ou spécifique :

Pour l'ensemble des pays de l'UE, on remarque que le risque de contrepartie contribue pour une large part à la fragmentation du marché interbancaire, suivi par les coûts du financement, regroupant les facteurs qui y contribuent.

D'autres facteurs de fragmentation appartiennent plus particulièrement aux pays individuels, tels que l'ouverture du secteur bancaire, le rapport Dette publique/PIB et le poids relatif du secteur financier dans l'économie nationale. Il s'avère que la spécificité des facteurs pèse plus lourdement sur les pays dits périphériques, notamment pour ce qui est de la finance, du fait que la fragmentation frappe ici de toute sa vigueur les secteurs de la production qui devraient pouvoir compter sur un rôle d'accompagnement, sinon de soutien, du secteur financier.

Positionnements de la BRI

Dans ce qui précède, des pierres d'achoppement sont apparues qui auraient pu – ou dû – guider les Régulateurs du Comité de Bâle dans une direction plus souple que celle qui apparait dans le texte de « Bâle III ».

Néanmoins, il est particulièrement frappant de constater qu'une appréciation du rôle de la finance dans le contexte économique global venant de l'intérieur de la BRI, soit apparemment passée inaperçue, bien qu'antérieure à la rédaction du texte du Comité[167].

Or, en dépit de la mention habituelle, suivant laquelle le texte du WP reflète l'avis des auteurs et pas nécessairement celui de la Banque, on est tout de même en droit de s'étonner de la discordance des orientations, de part et d'autre.

Sans pouvoir retracer ici les détails des constatations faites, les avertissements prononcés signalent des potentialités de crises allant au-delà du secteur financier.

---

[167] BIS Working Papers, no. 381, Reassessing the impact of finance on growth, Stephen G. Cecchetti and Enisse Kharroubi, juillet 2012

Il s'avère en effet qu'initialement l'évolution du système financier profite au développement de l'économie réelle, comme nous l'avons d'ailleurs déjà indiqué, mais qu'ultérieurement un « gonflement » du secteur financier s'avérera préjudiciable pour la croissance.

Si l'exemple explicatif choisi par les auteurs peut faire sourire, il n'en est pas moins convaincant (op.cit. pp 1-2) : Le secteur financier est en concurrence avec les autres secteurs, au plan des ressources. Celles-ci comprennent le capital physique, mais aussi du capital humain sous la forme d'une main-d'œuvre qualifiée. De sorte que des personnes qui auraient pu devenir des médecins spécialisés ou des astronautes risquent de s'orienter désormais vers la gestion de fonds de placement.

Dans l'ensemble, les données témoignent d'un effet d'« U inversé », en retraçant l'impact de l'évolution du crédit bancaire sur la croissance, signifiant un effet positif qui devient négatif par la suite. Le même résultat a été obtenu en comparant l'emploi du secteur financier et le développement financier. La fonction du « U inversé » vaut dans la mesure où un emploi croissant dans les banques devient un poids qui pèse sur l'évolution de la productivité.

Il est ainsi regrettable que le texte de « Bâle III » soit assorti de nombre de garde-fous dont on veut bien admettre qu'ils reposent sur une vision globale, mais qui néanmoins posent une loupe trop forte sur la finance au titre d'un monde *sui generis.*

La titrisation, cette mal-aimée des Régulateurs

I) Les besoins

Si nous avons signalé à plusieurs reprises le manque de différenciation des textes issus des délibérations des Régulateurs du Comité de Bâle, celui-ci ne concerne non seulement le fait d'avoir négligé la prise en considération des poids respectifs des instituts financiers dans les économies nationales, mais également le peu d'égards pour leurs contreparties réelles, du point de vue des besoins respectifs très divers de celles-ci.

C'est à ce titre que le FMI a publié en mai 2016 une note qui vise ces questions non résolues sans avoir même été abordées, lors du passage de « Bâle II » à « Bâle III »[168]. En effet, comme le souligne cette note, de nombreuses petites et moyennes entreprises, surtout dans les pays dits périphériques, souffrent du rationnement des crédits ou des coûts de crédit très élevés, depuis le début de la crise financière. De ce fait, les possibilités d'investissement de ces entreprises sont réduites, ce qui à son tour pèse sur la production et l'emploi.

Or, les nouvelles règles de « Bâle III » qui devront être observées progressivement, avec pour cible l'année 2019, obligent les banques d'augmenter leurs fonds propres, en étant pénalisées en même temps par la dépréciation de leurs actifs.

Il est néanmoins impératif d'élargir les bases du financement des PMEs, ce qui ne serait non seulement un avantage en soi, mais les rendrait également moins vulnérables en cas de nouvelles crises bancaires.

En effet, un marché liquide de titrisation aurait les avantages suivants :

- Augmentation du volume de crédit accordé par les banques,
- De meilleures possibilités de financement pour les PMEs, et
- Un regain d'intégration des marchés financiers en Europe.

---

[168] IMF Staff Discussion Notes, Securitization for SMEs in Europe, SDN/15/07, mai 2016

Ainsi, le regroupement d'actifs non liquides en actifs liquides par le moyen de la titrisation, favoriserait une recomposition des marchés financiers européens fortement fragmentés du fait de la crise, mais les obstacles qui s'y opposent ne sauraient être négligés et peuvent être résumés de la façon suivante :

Les Régulateurs ont conçu un ensemble qui comprend des normes en matière de risque de liquidité et de disponibilités en capital, qui ne créent pas les bases requises pour un bon fonctionnement de la titrisation.

Qui plus est, la fragmentation repose en outre sur les divergences entre les règles de solvabilité et d'endettement entre pays, alors que l'absence d'un système d'information harmonisé en matière de crédit pèse sur les possibilités d'investissement.

Sachant que le texte actuel de « Bâle III » est susceptible d'être modifié et adapté à l'évolution des situations globales et individuelles des pays et des secteurs, la note du FMI propose une stratégie reposant sur les trois composantes suivantes :

- Une véritable différenciation des titres en vertu de la qualité des actifs sous-jacents ;
- Le développement d'une infrastructure conforme aux profils actuels des marchés bancaires, accompagnée de meilleures possibilités d'investissements transnationaux reposant sur des règles d'insolvabilité harmonisées entre pays européens ;
- Un renforcement des initiatives de l'UE visant les PMEs, aussi dans le sens d'un traitement

Plus nuancé des collatéraux les concernant.

II) Les pièges

Si les réticences devant l'utilisation de la titrisation persistent, ceci s'explique par les traces que la crise de 2007-

2008 a laissées dans la mémoire collective, non seulement financière.

On peut donc comprendre les réticences devant les déclarations du FMI, même si celles-ci visent de façon très ciblée les PMEs, comme on vient de le voir.

Le problème essentiel reste ainsi le transfert et la dissémination des risques[169], l'image émergeant étant alors celle d'éventuels responsables, pour ne pas dire coupables, échappant à leurs obligations.

Certes, les banques contournent ainsi l'obligation de disposer de fonds propres à la hauteur des crédits consentis du fait de la titrisation, du fait que les règles établies par les Régulateurs ne concernent pas les acheteurs des titres, alors que les vendeurs ne sont plus soumis à ces règles une fois qu'ils ont cédé les crédits.

En effet, si les banques qui financent au départ les fonds qui serviront à acheter les titres restent porteuses du risque, celui-ci est devenu fort diffus, du fait de l'effet de levier qui les aura rendus disponibles.

Ainsi, dans le langage anglo-saxon, le modèle *originate to hold* est remplacé par le modèle *originate to distribute.* De sorte que l'originateur des crédits et qui les cède, ne supporte pas le risque, ce qui fait qu'il peut être incité à offrir des produits de plus en plus risqués, ne serait-ce que dans l'intérêt des commissions qu'il compte recevoir.

La volonté de satisfaire les détenteurs de liquidités grâce à l'appât de rentabilités très élevées, conduit à une politique laxiste porteuse de débâcles, le cas peut-être le plus spectaculaire ayant été « l'affaire Kerviel » de la Société Générale. Ce danger persiste, vu l'abondance de liquidités (cf. supra).

Dans ce contexte, une paralysie potentielle peut frapper les banques, devant la toile de fond suivante : la liquéfac-

---

[169] Lexinter.net, Les dangers de la titrisation, Recherche juridique

tion des actifs moyennant la titrisation a lieu sur les marchés des capitaux, et dépend donc du bon vouloir des investisseurs, de fournir ces liquidités au moment voulu. Les banques ne sauraient exercer des contraintes quelles qu'elles soient, sur les investisseurs potentiels, et c'est ainsi que les banques centrales ont dû « dépanner » les banques de second rang, pour que le réseau bancaire puisse échapper au risque systémique.

Nous retrouvons l'image menaçant de la « casse », à éviter grâce à « l'arrimage » des banques à leurs banques centrales respectives.

Il convient en outre de tenir compte du fait que les entreprises peuvent également utiliser l'outil de la titrisation pour financer des crédits à accorder à leurs clients.

Toujours est-il que les crédits à long terme, essentiellement dans le secteur du logement, devraient être financés majoritairement par des dépôts à long terme, plutôt que par des transactions reposant sur le court terme.

Si le Comité de Bâle a publié une nouvelle note portant sur les problèmes de la titrisation[170], la multitude des détails techniques n'ont pas besoin de figurer ici. Il est néanmoins important de relever deux faits qui risquent de peser sur la solidité future non seulement du système financier, mais également sur celle d'une croissance retrouvée qui, en Europe, reste timide :

- Il a déjà été mentionné que la modélisation proposée pour le nouveau « Trading Book » est désormais très standardisée ; il convient de souligner que cette approche pèse plus particulièrement sur l'appréciation des risques encourus par les banques.
- Les Régulateurs étant parvenus à l'avis que certains risques avaient été sous-capitalisés dans le cadre de Bâle II, veulent y porter remède en tenant compte de

[170] BRI, Revisions of the Securitisation framework, décembre 2014

certaines qualités particulières, telles que la maturité d'une tranche de crédit titrisée, à la lumière de la parcellisation des crédits concernés.

Nous voudrions terminer ce paragraphe en ajoutant aux pièges y figurant, un manque auquel a fait allusion récemment le FMI (cf. supra) : on peut ainsi estimer que les Régulateurs se sont fait littéralement « piéger » par le risque considéré en lui-même, en laissant dans l'ombre la question de savoir dans quel but une transaction financière a été entreprise : elle doit justement permettre de mener à bien des transactions réelles dont les profils et les contenus paraissent beaucoup plus différenciées que ce que suggèrent les textes du Comité de Bâle, y compris les Notes rédigées à la suite de la version principale du texte de « Bâle III » datant de 2013.

Un traitement à part des PMEs, tel qu'il a été suggéré par le FMI, serait d'autant plus justifié que les risques individuels sont par leur nature même plus réduits que dans le cas de grandes Sociétés ; un « pooling » ou regroupement adapté en matière de titrisation devrait être en mesure d'en tenir compte.

III) La BCE moins en retrait que la BRI ?

Il est en effet remarquable de constater que même en dépit d'une non-différenciation du traitement des PMEs par rapport aux grandes sociétés, la BCE prend des initiatives qui n'ont rien pour plaire à sa « grande sœur », la BRI[171]. En effet, la BCE procède depuis l'automne 2014 à l'achat de crédits titrisés (ABS), en prenant soin de faire la distinction entre la « bonne » et la « mauvaise » titrisation.

La BRI a de sa part précisé dans son rapport trimestriel du 7 décembre2014, que « même quand les actifs titrisés

[171] Commentaire d'Isabelle Couet dans LES ECHOS, 11/12/2014

sont simples, transparents et de grande qualité, l'analyse du risque reste incertaine » (citation Les Échos).

Qu'il nous soit permis d'ajouter un commentaire quelque peu technique, mais qui éclaire le désaccord entre les deux institutions.

C'est ainsi que la BRI agite la menace des tranches dites « mezzanines », pour cause de leur fragilité supposée en tant que composantes à l'intérieur des regroupements de crédit. La BCE semble accepter d'appuyer même ces tranches, dans la mesure où elles présenteraient des garanties suffisantes, tout en préférant les tranches dites « seniors », donc apparemment plus sérieuses.

Hélas, cette quasi-querelle ne permettra guère aux PMEs de trouver des moyens de financement plus adaptés à leurs besoins, de sorte que certaines succomberont devant les contraintes de financement insurmontables.

13. Finance et Société

La société, cet amalgame

De la façon la plus basique, on peut partir de la formulation usuelle, d'un nombre de personnes qui vivent ensemble en respectant certaines règles acceptées par eux.

Or, les difficultés de cette définition apparaissent immédiatement : le fait de « vivre ensemble » se réfère-t-il à un espace restreint, territorial, national, ou plus vaste, pour englober une multitude de formes organisationnelles telles qu'elles sont regroupées sous le terme de « sociétés occidentales », par exemple.

Toujours est-il que les membres de la Société jouissent de droits et sont contraints par des obligations qui concernent tous les domaines de la vie, celui du travail, de la culture, de l'éducation, suivant le principe très général qui veut que les droits des uns s'arrêtent à la ligne de démarcation des droits des autres.

Cependant, si ce qui vient d'être dit peut permettre une vision assez harmonieuse de « la vie en société », il faut être conscient du fait – sans l'accepter, ou plutôt l'entériner – qu'un pourcentage non négligeable de ceux qu'on inclut dans l'ensemble des « membres de la société », sont réduits à un état semblable à celui des « Epsilons » de George Orwell, méconnaissant ou refusant parfois de jouir de leurs droits, et ne respectant leurs obligations qu'au titre des sanctions menaçantes.

Cette image est sombre, mais elle est omniprésente dans les sociétés dites modernes, quel que soit le cadre juridique qu'elles se sont donné. L'exemple le plus anodin, si on peut dire, est l'abstention électorale ; plus grave est la résignation devant le chômage, avec dans sa mouvance une tendance certaine à vouloir profiter du bien d'autrui.

Il est alors tentant bien que facile de conclure que « la société » n'a pas su leur donner leur part de bien-être. Or, même si l'illettrisme[172] atteint aujourd'hui en France environ vingt pour cent de la population adulte, la responsabilité de la société parait alors comme très diffuse, étant donné la reconnaissance de la cellule familiale comme base de cette même société.

Pour rapprocher le lecteur du monde de la finance, mentionnons encore le fait maintes fois observé aux caisses des supermarchés, où des personnes ont beaucoup de mal à régler leurs courses, en sortant des pièces ou même des billets de leurs poches sans bien comprendre la suite à donner, et sans que ceci soit imputable à des problèmes de vue.

Les considérations qui précèdent se sont adressées à juste titre à cette frange importante de « citoyens » qui ne participent pas activement à « la vie en société », au sens où on l'entend communément. Il ne s'agit guère seulement de ceux qui sont incapables, de par leur manque éducatif, de suivre les propos de candidats électoraux, par exemple, mais aussi de ceux qui se tiennent volontairement à l'écart de la vie publique, puisqu'ils estiment, sur fond de déception et de pessimisme, que « la société » n'a rien à leur apporter.

---

[172] Contrairement à l'analphabétisme qui exclut tout déchiffrage, l'illettrisme permet de reconnaître quelques mots-clés de la vie courante, mais empêche la lecture suivie d'un texte.

On arrive ainsi à la question essentielle, qui est la suivante : si tant d'êtres humains sont de nos jours laissés au bord du chemin, que pourrait faire « la Finance » pour y porter remède ? Ou encore : jusqu'où est-elle responsable, en tant que vecteur, du fait qu'une frange importante des citoyens ne manifeste que du mépris, en parlant – ou en entendant parler – de « la Finance ?

Il sera à ce propos nécessaire de suivre le fil du temps, pour analyser l'évolution financière passée et présente, dans le but de constater si « la Finance » a été, est toujours et/ou pourra être « bonne pour la société ».

La Finance, cet Ogre supposé

Rappelons d'abord que le mot « finance » provient du mot latin « finis » qui voulait dire « le terme ». En français du 13e siècle, « finer » désignait le fait de mettre fin à une transaction, l'acheteur payant pour le bien acquis.

Ultérieurement ont évolué les bourses de valeurs, sièges des activités financières. Or, si ces activités figurent certes de façon importante dans les écrits de l'École de l'économie classique, la Science financière n'est considérée comme une véritable branche de la Science économique que depuis la deuxième guerre mondiale.

Certes, de nos jours on ne parle plus du « voile d'argent » pour résumer le monde de la Finance, mais le concept d'une Finance agissante, porteuse d'initiatives ou destructrice d'illusions, est chargé d'ambiguïtés qui n'ont fait que se confirmer au fil de l'apparition des innovations financières.

Or, avant de pouvoir poser la question de savoir si la Finance pourra à l'avenir contribuer à réduire le gouffre entre les agents économiques imbriqués directement ou indirectement dans ses ramifications, et ceux pour lesquelles elle constitue une inconnue ou un effroi, il faut tenir compte de ce que nous pouvons affirmer aujourd'hui[173].

On s'abstiendra de passer en revue les critères devenus habituels, d'une croissance excessive du réseau bancaire. Rappelons simplement que le ratio *crédit privé/PIB* sert le plus souvent de base, pour apprécier la contribution des activités financières à la croissance. Ainsi, les pays dits émergents bénéficieraient d'un essor de l'investissement grâce à la disponibilité de moyens financiers, alors que les pays industrialisés finiraient par subir une perte de productivité pour cause d'inadaptation des moyens aux besoins.

L'évolution est considérée comme non-monotone, en ce sens qu'un ratio de 90% *crédit privé/PIB* favorise la croissance, alors qu'au-delà la contribution deviendra négative.

Comme le souligner L. Zingales, la Finance a trop souvent tendance à dégénérer vers une activité où seul compte le gain monétaire, sans égard pour la micro- ou macroéconomie.

Nous arrivons ici à un point crucial de l'examen des répercussions négatives de l'activité financière[174] :

I) Des marchés opaques

Suivant le Premier Théorème de Bien-Être de Arrow et Debreu, datant de 1954, les choix individuels conduiront à une allocation des ressources efficiente au sens de Pareto, ce qui signifie que personne ne pourrait bénéficier d'une évolution sans qu'au moins une autre personne en pâtisse. Or, ce théorème ne vaut que sur des marchés compétitifs en l'absence de toute opacité.

---

[173] Luigi Zingales, Does finance benefit society ?, WP 20894, NBER, Janvier 2015

[174] L. Zingales, op.cit. p 9

Il n'est que trop évident que le secteur financier se situe en dehors de ce Théorème, et les données statistiques citées par L. Zingales conduisent à la conclusion que les innovations financières ne sont guère à même d'améliorer le bien-être, au sens de la croissance.

En conséquence, le risque d'un effondrement, d'une « casse » est une fois de plus évident, puisque l'incomplétude du marché financier subsiste et rien n'indique qu'il en sera autrement dans un avenir prévisible.

Plus tôt dans cette étude, nous avions exposé la problématique de l'HME (Hypothèse de Marchés Efficients) qui, si elle a tendance à être plus généralement mise en question actuellement, semble bénéficier d'une sorte de statut résigné sur fond de débat théorique d'arrière-garde.

Il reste la juxtaposition, si cela en est une, entre « bien-être » et croissance. Ici encore, nous ne pouvons pas reprendre un débat qui s'efforce de trouver des critères en vue de classer les habitants de tel pays comme étant plus ou moins heureux que d'autres.

Néanmoins, avant de poursuivre, l'affirmation d'une bivalence nous semble indiquée : plus de croissance permet plus de bien-être, certes, mais quelle croissance, et quel bien-être ? Si la croissance vise d'abord le capital sous forme d'investissements, ceux-ci peuvent être réalisés en vue de l'amélioration de la productivité, sans apporter un plus de bien-être au plus grand nombre de citoyens.

Même si les grandes « casses » du passé récent (Lehman-Brothers, Magoff, Kerviel) n'ont qu'indirectement frappé le citoyen ordinaire, le fait est que cette mauvaise allocation des ressources –ceci étant manifestement un euphémisme – aura pesé sur la croissance, et aussi sur le bien-être de beaucoup de citoyens qui ne font, heureusement pour eux, pas partie des délaissés de la société, mais qui ont ressentie une fureur intense et point toujours intérieure, devant l'insolence des responsables de ces débâcles.

II) Une gouvernance complice ?

Le paragraphe précédent a conduit à la constatation suivante : La vie en société n'est plus ressentie par beaucoup comme reposant sur des échanges, mais victime de phénomènes opaques qui conduisent à des positions dominantes, du fait de l'incomplétude des marchés.

En fait, ce n'est pas tant l'économie monétaire en tant que telle qui est rejetée, mais les abus auxquels a conduit l'enregistrement comptable désormais digitalisé, et dans sa mouvance le sentiment qu'il n'y a plus de « juste prix », mais à la place des distorsions et des envols de valeur virtuels, bien trop rarement punis par des effondrements.

Comment l'inefficience des marchés, et plus particulièrement celle du marché financier, ont-ils pu évoluer de la sorte depuis longtemps, dans des Sociétés dites démocratiques ?

La réponse peut être assez globale, pour ne pas dire sommaire : les marchés incomplets ne sont pas seuls en cause. Ils ont des supports qui leur viennent en aide, sous la forme d'interventions souveraines qu'on est tentés d'appeler politiciennes.

Certes, « too big to fail » a été contredit depuis les effondrements récents les plus visibles, mais les rares sanctions ne sauraient effacer le sentiment d'amertume qui s'est emparé de la Société au sens le plus large, devant la simple possibilité de tels événements.

Il est vrai que les banques se voient imposer des contraintes en matière de publicité pour leurs produits, sous la forme de prospectus qui ne devront pas arborer d'effectives promesses, mais qui sont tout de même rédigés dans une langue qui peut séduire et hélas trop souvent convaincre.

S'il est actuellement question aux États-Unis de restaurer la loi appelée « Glass-Steagall Act » des années trente, ceci vise une séparation des banques d'investissement des banques commerciales, justement dans le but d'un assainissement du secteur financier, rendant plus difficile les initiatives hasardeuses des banques.

Que le lecteur se rassure : il ne s'agit pas d'affirmer qu'on puisse, dans nos Sociétés, « acheter » un homme politique – ou même plusieurs – comme s'il s'agissait d'une marchandise ordinaire. Le procédé est plus subtil et souvent d'apparence irréprochable : faciliter des investissements d'envergure nécessite au départ l'accomplissement de formalités qui peuvent paraître interminables dans le cadre d' « Offres Publiques d'Achat » qui seront ensuite jugées par les comités compétents avec plus ou moins de bienveillance. Rien que la nomination des experts qui en font partie donne souvent lieu à des contestations, mais à la fin une décision sera prise.

En toile de fond se situent alors des réalisations dont le gouvernement au pouvoir espère un écho public – ou sociétal – qui facilitera le renouvellement des mandats politiques. On peut ajouter une considération en marge : lorsqu'une entreprise participant à un projet d'infrastructure important, est financièrement mal en point, la publicité de ce fait ne restera pas toujours cachée ; or, une aide directe ou indirecte portera alors le label du sauvetage d'un certain nombre d'emplois.

De façon très générale, on peut estimer que le crédit subventionné a généralement la faveur des décideurs publics, du fait de sa faible transparence. Le contribuable en tant que membre « conscient » de la Société, ne sera pas au courant de la multitude d'aides ainsi apportées à un secteur dont les marchés seront de ce fait confirmés dans leurs failles en termes de compétitivité.

Ainsi, l'image d'une Finance souffrant d'inefficience et s'appuyant sur les béquilles fournies par le monde politique ne saurait bénéficier à la Société. Cependant, il faut y ajouter une troisième composante, celle de la Régulation.

III) Une Régulation sociétale de la Finance ?

Rappelons d'abord le fait que le premier Régulateur instauré fut la Réserve Fédérale, créée aux États-Unis en 1913, à la lumière de la crise de 1907 concernant l'assèchement dramatique de liquidités.

On peut constater aussi bien pour ce qui est de ce précurseur de la Régulation, qu'elle est intervenue régulièrement *ex post,* c'est-à-dire lorsque le mal était fait, ce qui témoigne d'un manque de prévoyance non seulement de la part des instances publiques, mais aussi des économistes qui auraient dû déceler les crises systémiques à partir de certains phénomènes contagieux.

Par la suite, l'évolution internationale de la Finance a vu naître la BRI à Bâle (1930) et la BCE à Francfort (1998). Elles ont évolué parallèlement, et nous nous y sommes référés à de nombreuses reprises. Mentionnons tout de même le fait que les agissements de la BRI ont été sévèrement critiqués après la Deuxième Guerre mondiale, pour cause d'une grande « flexibilité » concernant les transferts de fonds relevant du régime hitlérien.

Pour ce qui est du FMI, créé en (1944), ces fonctions vont certes très au-delà d'un rôle de Régulateur, mais nous avons fait état des prises de position récentes qui nous semblent orientées davantage vers la reconnaissance des diversités, des secteurs réels aussi bien que bancaires.

Ceci étant, le footprint de la BRI est mondial, alors que la BCE agit dans le contexte européen. Il n'est guère nécessaire d'évoquer explicitement le lobbying émanant à la fois du secteur financier et des instances publiques nationales, et ce souvent conjointement. Il se pose alors aussi le problème de la subsidiarité qui veut que tout ce qui peut être réglé au niveau le plus direct, pour ne pas dire au plus bas, ne devrait pas attendre d'être résolu sur un plan plus élevé en termes de prises de décision.

Si les banques européennes ont obtenu des assouplissements au plan des recommandations ayant figuré dans le texte de 2013 du Comité de Bâle, il est difficile d'y déceler des avancées pouvant bénéficier à l'image sociétale de la Finance dans son ensemble. Pour y parvenir, la Régulation devra être à la fois mieux adaptée au plan du fonctionnement, et réellement à l'écart d'agissements intéressés.

C'est surtout ce dernier point qui pose le problème de la moralité de la vie publique, un thème mis en avant par le nouveau Gouvernement de la France.

CONCLUSION GÉNÉRALE

Comment éviter chutes et cassures ?

Même si la problématique de l'équilibre reste sous-jacente dans cette recherche, la Première Partie lui est explicitement consacrée. On se trouve ainsi dans un monde où gouverne, si non la tranquillité, du moins l'hypothèse que les perturbations de toute nature seront toujours passagères et qu'il serait malvenu de la part des gouvernants politiques, de ne plus faire confiance aux protagonistes du monde économique.

Dans ces conditions, et pour évoquer une dernière fois l'image du pot de fleurs, si néanmoins celui-ci quittait malencontreusement le rebord de la fenêtre, il terminerait sa chute par quelques éclaboussures, mais sans avoir fait réellement du mal à quiconque.

Cette imagerie se trouve facilitée dans sa modélisation par des hypothèses très restrictives qui visent un monde parfaitement concurrentiel, transparent et dépourvu des embuches semées sur le chemin de l'économie réelle. Même si la comparaison peut sembler quelque peu osée, on retrouve cette vision encore aujourd'hui sur le plan de la Bourse, concernant le risque neutre (« no arbitrage »).

Comment étayer l'insuffisance des modèles d'équilibre général, même au-delà du rôle joué par la monnaie ? On pense alors à Maurice Allais, insuffisamment reconnu comme précurseur de l'économie comportementale, qui fut un des premiers à rejeter la rigidité des modèles où l'homme jouait un rôle de spectateur.

D'orientation essentiellement normative de l'École de la Régulation, il voit la contrainte comme moyen d'orientation de l'économie et ainsi de la vie en général, et donc comme le moyen de mettre fin à la domination par les tenants du pouvoir dans ses différentes formes d'expression.

Une voie d'accompagnement pour sortir du concept fallacieux de l'équilibre a été tracée par Joseph Stiglitz avec la belle image de la victoire sur l'endogénéité de l'être humain.

Pensant aux conséquences vécues et redoutées à l'avenir, nous pensons avoir démontré dans la Première Partie que « les chutes » risquent fort de ne pas être anodines, en conduisant à des « cassures » répétitives.

La Deuxième Partie insiste d'abord sur la négation de la rationalité, refus qui se manifeste par la voie des nombreux biais, cognitifs et motivationnels. On a en effet trop souvent l'impression que les Régulateurs portent des œillères lorsqu'est invoquée l'irrationalité des comportements, qui influence pourtant de façon importante l'évolution économique et sociétale.

À partir d'ici, on retrouve la vision de l'indépendance et en même temps d'une continuité trompeuse, qu'on ne saurait séparer de l'image de l'équilibre. Or, un autre aspect se joint à l'interprétation de l'observation : sous des formes diverses que nous avons évoquées, le manque d'efficience perturbe à son tour l'image harmonieuse d'un monde théorique où la composante comportementale est largement absente.

La Bourse semble être l'acteur qui reflète le mieux ce manque d'efficience, qu'elle soit informationnelle, opérationnelle ou allocative. Il est vrai qu'en France l'Autorité des Marchés Financiers s'efforce de limiter les effets des défaillances en sanctionnant les abus les plus avérés sous forme de délits d'initiés, mais sur un plan plus global, le Régulateur semble plutôt désarmé devant le prétendu aléa gouvernant les marchés financiers.

Évoquant la tourmente dans laquelle se trouve la Finance, on constate avec un cynisme certain que les Régulateurs du Comité de Bâle, dans le contexte de « Bâle III », pensent pouvoir « gouverner » la Finance en fixant des règles d'une globalité déconcertante. Ceci concerne aussi bien les structures des économies nationales, que les flux financiers qui en sont issus.

On a ainsi généralement l'impression d'un rafistolage besogneux, à la place d'une construction nouvelle et accueillante.

L'image de la tourmente évoque celui de la tempête : en l'état actuel des développements, on voit mal comment les structures présentes pourraient ne pas être balayées par de nouvelles crises semblant de plus en plus fréquentes.

Ainsi, nous sommes à la croisée des chemins que doivent emprunter les Régulateurs pour se conformer à leurs responsabilités internationales au plus haut niveau. Ne pouvant parvenir à un bilan positif, nous avons souligné l'importance de la quatrième dimension, celle du temps, dont les Régulateurs se servent d'une façon que nous estimons trop rigide.

Hélas, l'économie comportementale reste trop éloignée des travaux bâlois, alors que la transposition des concepts de la rugosité et de l'invariance d'échelle, au plan du fonctionnement des marchés financiers, devrait s'imposer.

C'est ainsi que l'invariance d'échelle aurait dû guider les concepteurs de Bâle III vers une prise en considération du phénomène des « black holes » dont la contagion est pourtant une menace réelle.

Les problèmes de Liquidité se présentent aujourd'hui d'une façon particulière : la Liquidité abonde et ne trouve pas d'échos d'investissement, globalement en vertu d'une incertitude générale qui est l'inverse d'un monde se rééquilibrant de lui-même.

PS. Le « trou » calamiteux de la rue de Tolbiac a disparu : ici au moins un certain optimisme est indiqué, puisque l'immeuble en train de naître va offrir des habitations relevant du secteur des HLM.

BIBLIOGRAPHIE – OUVRAGES

Ackerman, F. – Still dead after all these years, Tufts University Medford Ma, 1999

Aglietta, M. – Sortir de la crise et inventer l'avenir, Michalon, 2014

Aglietta, M. et Orléan, A. – La violence de la Monnaie, PUF, 1982

Allais, M. – Traité d'économie pure, Imprimerie Nationale de Paris, 1953

Badiou, A. – Le concept de modèle, nouvelle édition 2007, Éditions Fayard

Bank for international settlements – The revision of the securitisation framework

Bates, G. – Investment Management, McGraw-Hill, 1959

Boncoeur, J. et Touement, H. - Histoire des idées économiques, t. 2, Nathan, 1992

Bouleau, N. – L'efficience, imposture scientifique réussie ? Finance et Environnement, 2013

Boyer, R. – L'État des savoirs, La Découverte, 2002

Denis, H. – Histoire Économique, PUF Thémis, 1966

Edwards, S. – Excange rate regimes, Capital flows and crisis prevention, University of California, LA, rev. 2001

Elster, J. – L'irrationalité, t. 2, Le Seuil, 2010

Fama E. F. – The Behavior of stock market prices, Thèse publiée 1965

Fitzgibbons, A. – Keynes' vision, Clarendon Press Oxford, 1988
Galbraith, J.K. – The economics of innocent fraud Penguin 2004
Glass, L. et Madkey, M.C. – From Clocks to Chaos Princeton University Press, 1988
Gleick, J. – Information, First Vintage Book, Edition 2012
Goldberg, J et Nitzsch, R. von – Behavioral Finance, Finanzbuchverlag, Munich, 3e édition, 2000
Hahn, F. – Equilibrium and Macroeconomics, Oxford, 1984
Handbook of Behavioral Finance, ed. Brian Bruce, 2010
Hayek, F. A. – Economics and Knowledge, Economica vol. 4, 1937
Jounin, N. – Voyage de classes, La Découverte, 2014
Kahneman D. et Tversky, A. – Judgment under Uncertainty, Science 185, 1974
Kaldor, N. – Economics without equilibrium, M. E. Sharp, Armonk, NY, 1983
Keynes, J. M. – A treatise on probability, 1920
– The general theory of employment, interest and money, 1936
Knight, F.H. – Risk, uncertainty and profit, 1921, Signalman Publishing, 2009
Koszegi, B., Madarasz, K., Matolesi, M. – A failure of the no-arbitrage principle, Budapest, 2007
Laville, J-L. – Dictionnaire de l'autre économie, Gallimard, 2006
Lerner, M. – The belief in a just world, a fundamental dilusion, Springer, 1980
Lévy Véhel, J. et Walter, Ch. – Les marchés financiers, PUF Finance, 2002
Löwith, K. – Max Weber and Karl Marx, Verlag Kohlhammer, 1960

Mandelbrot, B. – Fractales, Hasard et Finance, Champs-Flammarion, 1997
Mandelbrot et R.L. Hudson – Une approche fractale des marchés, F : Odile Jacob, 2005
Mandelbrot, B., Fisher, A., Calvert, L. – A multifractal model of asset returns, Yale University, 1997
Nagler & Company, Financial -Industry – Consulting, Berlin, 2013
Passet, R. – Les grandes représentations du Monde et de l'Économie, Les Liens qui libèrent, 2010
Persaud, A. – Risikomanagement, Union Investment International GmbH, 2006
Peters, E. E. – Fractal market analysis, John Wiley and Sons, Inc., 1997
Piketty, Th. – Le capitalisme au 21ème siècle, Le Seuil, 2013
Plihon, D. – La monnaie et ses mécanismes, La Découverte, 5e édition 2008
Pleyers, G. – L'endoctrinement affectif du citoyen, Université de Liège, Belgique, 2e édition, 2006
Robinson, J. – The pure theory of international trade, Collected economic Papers, Basil Blackwell, 1966
– The rate of interest and other essays, London MacMillan, 1952
Sapir, J. – Les trous noirs de la science économique, Albin Michel, 2000
Schumpeter, J. – Théorie de l'évolution, 1911
– Capitalisme, socialisme et démocratie, 1942
Sismondi, S. de – Nouveaux principes d'économie politique, 1819
Smith, A. – Recherches sur la Nature et les Causes de la Richesse des Nations, 1776
Stiglitz, J.E. – Whither socialism, MIT Press Cambridge, 1991

– The price of inequality, Norton é Company Inc, NY 2012
Taleb, N. N. – The black swan, Penguin 2008
– On robustness and fragility, 2010 ; F : Force et fragilité, Les Belles Lettres, 2010
Tieben, B. – The concept of equilibrium in different economic traditions, Edgar Elger, 2012
Velasquez, T. – Chaos theory and the science of fractals, and their application to risk management, Copenhagen Business School, 2009
Weber, M. – Économie et Société dans l'Antiquité (1909), La Découverte, 2001
– Economy and society (posthume en allemand, 1922), University of California Press, 1948

Les références concernant les articles de journaux, revues, blogs, workshops et autres supports figurent dans le corps du texte, sous forme de notes.

TABLE DES MATIÈRES

Économie et Entreprise

aux éditions L'Harmattan

Dernières parutions

MONDIALISATION, ACCORDS COMMERCIAUX RÉGIONAUX ET INTÉGRATION DE L'AFRIQUE
Sous la direction de Cécile Bastidon, Ochozias Gbaguidi, Azzedine Ghoufrane, Ahmed Silem
Ce livre porte sur le phénomène du multilatéralisme qui caractérise le système commercial administré par l'OMC issu du traité de Marrakech (15 avril 1994). La mondialisation se double d'accords de libre-échange bilatéraux et régionaux en Afrique. Compte tenu des difficultés rencontrées pour arriver à un accord dans le cadre des négociations du cycle de Doha, ce régionalisme s'accompagne d'un plurilatéralisme qui est sans doute sous-optimal par rapport au multilatéralisme traditionnel.
(19.00 euros, 170 p.)
ISBN : 978-2-343-11849-9, ISBN EBOOK : 978-2-14-003477-0

L'ENTREPRISE – Pour mieux la connaître
Bersinger Sylvain
Ce livre vise à présenter le monde de l'entreprise sous ses différents aspects, principalement à destination d'un public d'étudiants. Écrits dans un langage simple, parsemé d'exemples et de schémas, il se veut accessible aux débutants qui souhaitent découvrir ce monde fascinant qu'est celui de l'entreprise.
(22.50 euros, 220 p.)
ISBN : 978-2-343-11792-8, ISBN EBOOK : 978-2-14-003481-7

HISTOIRE D'UN ENTRETIEN D'EMBAUCHE RÉUSSI
Récit d'une démarche efficace avec les bons outils et la bonne posture
Ramirez Morales Gabriel
De nos jours, le chômage reste élevé et les postes fragiles. Ainsi, la posture de la personne devient un enjeu majeur dans la recherche d'emploi. Cet ouvrage nous permet d'accompagner Claude, sans emploi depuis plusieurs mois. Nous allons apprendre avec lui à trouver la bonne posture, la meilleure stratégie comportementale afin d'intégrer au plus tôt le monde d'exigence qu'est l'entreprise.
(17.50 euros, 164 p.)
ISBN : 978-2-343-11781-2, ISBN EBOOK : 978-2-14-003389-6

POLITIQUE DU TRAVAIL
La fierté professionnelle
Tertrais Laurent
L'ampleur du chômage nous aurait-elle fait oublier le travail lui-même ? La course à l'emploi et à la productivité a pris le pas sur une approche positive de l'activité. On valorise peu les métiers, le goût pour le travail bien fait et la performance collective. La précarité et l'intensification de l'activité nous font paradoxalement oublier que le travail est en soi un objet public. Parlons de nos identités professionnelles. Donnons alors des moyens contre la solitude. Misons sur la politique éducative et la qualité des parcours dès l'enfance.
(Coll. Questions contemporaines, 15.00 euros, 130 p.)
ISBN : 978-2-343-11501-6, ISBN EBOOK : 978-2-14-003422-0

LES ESPACES DU TRAVAIL
Prévention et santé au travail
Salignac Philippe
En éclairant la théorie par des exemples concrets rencontrés durant son activité professionnelle, l'auteur montre comment l'espace en lui-même et les pratiques spatiales associées peuvent être révélateurs des tensions et des enjeux qui traversent toute entreprise. À partir de situations vécues, il révèle l'importance des spécificités du fonctionnement collectif et étudie leurs effets sur la santé au travail.
(Coll. Sciences et Société, 25.00 euros, 236 p.)
ISBN : 978-2-343-11469-9, ISBN EBOOK : 978-2-14-003407-7

LES PRIX AGRICOLES
Nouveau dialogue sur le commerce des bleds
Boussard Jean-Marc
Dans tous les systèmes économiques, les prix servent de messagers entre les producteurs et les consommateurs, informant les premiers des désirs des seconds, et ces derniers de la difficulté de produire. Dans le secteur agroalimentaire, ni les consommateurs ni les producteurs ne peuvent s'adapter facilement aux variations de prix. Voici proposées quelques solutions pour rationaliser le commerce de produits agricoles, sans rien perdre des avantages liés aux échanges mais en évitant les gaspillages associés à l'instabilité des prix.
(Coll. L'esprit économique, série Le Monde en Questions, 21.00 euros, 194 p.)
ISBN : 978-2-343-11246-6, ISBN EBOOK : 978-2-14-003101-4

L'AUTONOMIE FINANCIÈRE DES AUTORITÉS INDÉPENDANTES
Palma-Amalric Valérie - Préface de Vincent Dussart
(Prix de thèse de la Société française de finances publiques)
Les autorités indépendantes occupent une place considérable dans le fonctionnement des institutions de la Ve République, mais soulèvent de nombreuses questions. À l'heure où les parlementaires discutent d'une proposition de loi portant statut général des autorités administratives et publiques indépendantes, cette étude interroge l'ampleur et la portée de leur autonomie financière apportant des éléments relatifs au financement, au personnel et à la gestion.
(Coll. Finances publiques, 49.00 euros, 622 p.)
ISBN : 978-2-343-11595-5, ISBN EBOOK : 978-2-14-003299-8

LES DYNAMIQUES D'ÉMERGENCE DANS UN MONDE EN PERPÉTUELLE MUTATION
Schulders Guy - Préface de Phillip LeBel
L'auteur de cet ouvrage pose des questions difficiles sur les enjeux d'un monde nouvellement reformaté, dont aucun pays ne maîtrise plus vraiment ni les rythmes, ni les orientations. Comment les pays en difficulté des continents africain, latino-américain ou du Sud-Est asiatique font-ils évoluer leur processus de croissance vers une dynamique de développement, puis d'émergence ? Quel rôle les BRICS, en particulier la Chine, l'Inde et le Brésil, jouent-ils dans la mise en œuvre des nombreuses synergies avec les autres pays du monde, riches comme pauvres ?
(25.00 euros, 236 p.)
ISBN : 978-2-343-11250-3, ISBN EBOOK : 978-2-14-003251-6

LA GESTION PLANIFIÉE
Logiques, fondements et perspectives
Amedzro St-Hilaire Walter
Quels sont les liens entre la gestion planifiée et la dynamique des affaires ? Quels sont les facteurs économiques et gestionnaires qui influencent l'interconnexion entre la logique planifiée et la productivité des entreprises ? L'auteur tente ici d'identifier le rôle de l'optimisation des affaires dans l'opérationnalisation de la gestion planifiée et de comprendre comment, au niveau des entreprises et des organisations, l'efficacité décisionnelle oriente les stratégies planifiées.
(Coll. Dynamiques d'entreprises, 26.00 euros, 260 p.)
ISBN : 978-2-343-11402-6, ISBN EBOOK : 978-2-14-003131-1

COMPRENDRE ET PRATIQUER LA BOURSE
Zamble - Bi B. Emmanuel - Préface de Stefan Nalletamby
Cet ouvrage définit la bourse des valeurs, décrit son organisation ainsi que son fonctionnement et présente les produits financiers, notamment les actions, les obligations, les OPCVM et les produits dérivés. Il expose les techniques d'évaluation de société ou d'emprunt obligatoire dans le cadre d'une introduction en bourse, décrit le mécanisme de dénouement des transactions et présente un répertoire des bourses des valeurs d'Afrique et des principales bourses hors Afrique. Afin de faciliter la compréhension, chaque section s'achève sur des exemples pratiques ou des exercices corrigés.
(Harmattan Côte-d'Ivoire, 24.50 euros, 228 p.)
ISBN : 978-2-343-11492-7, ISBN EBOOK : 978-2-14-003260-8

ET S'IL FALLAIT TOUT CHANGER ?
Hébert Michel
Un jour ou l'autre, votre entreprise sera confrontée à un changement brutal auquel elle n'était pas préparée. Il va falloir bousculer toutes nos façons de réfléchir, d'organiser, et inventer de nouvelles façons de travailler. Tout est à revoir, tout devient adaptatif : la vie, la stratégie, le long terme. Rien ne sert de traiter ce monde avec l'état d'esprit d'hier.
(23.50 euros, 230 p.)
ISBN : 978-2-343-10596-3, ISBN EBOOK : 978-2-14-003313-1

L'IDENTITÉ DES MARCHÉS FINANCIERS
Conseils aux épargnants actifs
Gallot Philippe
Le premier objectif de ce livre est d'inciter les épargnants à s'intéresser aux principaux mouvements des marchés financiers. Ces derniers sont en effet porteurs d'enseignements potentiels dignes d'intérêt : ils offrent des opportunités d'investissements conséquentes. Dans le même temps, une mise en garde s'impose aux épargnants et aux investisseurs car manipulations et dérives sévissent sur ces marchés dont il ne faut pas minimiser les risques intrinsèques.
(29.00 euros, 278 p.)
ISBN : 978-2-343-11503-0, ISBN EBOOK : 978-2-14-003324-7

DÉCIDER À L'INTERNATIONAL
Est-ce une question de distance ?
Moalla Emna
Cet ouvrage s'interroge sur le rôle de la distance dans les décisions de développement à l'international des entreprises, et examine notamment l'impact de la distance sur le choix de mode d'entrée à l'étranger. Il étudie les différentes dimensions de la distance (culturelle, administrative, géographique, économique) en s'appuyant sur un échantillon de 203 opérations de rapprochement effectuées par des entreprises françaises avec des partenaires localisés dans le monde entier.
(Coll. Entreprises et Management, 30.00 euros, 288 p.)
ISBN : 978-2-343-08938-6, ISBN EBOOK : 978-2-14-003179-3

CHOISIR POUR RÉUSSIR
La psychanalyse adaptée aux problématiques professionnelles
De Queylar Axel
Se développer dans son travail nécessite de quitter la dépendance au profit de la liberté. Cette recherche d'autonomie permet de s'épanouir en étant davantage soi-même. Des entraves personnelles ou extérieures peuvent gêner ce processus et il devient important de les surmonter. Se sentir libre dans ses choix permet d'avancer en confiance. Cet ouvrage est donc un levier de compréhension et un outil pratique. Il s'adresse à toute personne souhaitant améliorer son positionnement professionnel.
(22.00 euros, 232 p.)
ISBN : 978-2-343-11636-5, ISBN EBOOK : 978-2-14-003216-5

L'HARMATTAN ITALIA
Via Degli Artisti 15; 10124 Torino
harmattan.italia@gmail.com

L'HARMATTAN HONGRIE
Könyvesbolt ; Kossuth L. u. 14-16
1053 Budapest

L'HARMATTAN KINSHASA
185, avenue Nyangwe
Commune de Lingwala
Kinshasa, R.D. Congo
(00243) 998697603 ou (00243) 999229662

L'HARMATTAN CONGO
67, av. E. P. Lumumba
Bât. – Congo Pharmacie (Bib. Nat.)
BP2874 Brazzaville
harmattan.congo@yahoo.fr

L'HARMATTAN GUINÉE
Almamya Rue KA 028, en face
du restaurant Le Cèdre
OKB agency BP 3470 Conakry
(00224) 657 20 85 08 / 664 28 91 96
harmattanguinee@yahoo.fr

L'HARMATTAN MALI
Rue 73, Porte 536, Niamakoro,
Cité Unicef, Bamako
Tél. 00 (223) 20205724 / +(223) 76378082
poudiougopaul@yahoo.fr
pp.harmattan@gmail.com

L'HARMATTAN CAMEROUN
TSINGA/FECAFOOT
BP 11486 Yaoundé
699198028/675441949
harmattancam@yahoo.com

L'HARMATTAN CÔTE D'IVOIRE
Résidence Karl / cité des arts
Abidjan-Cocody 03 BP 1588 Abidjan 03
(00225) 05 77 87 31
etien_nda@yahoo.fr

L'HARMATTAN BURKINA
Penou Achille Some
Ouagadougou
(+226) 70 26 88 27

L'HARMATTAN SÉNÉGAL
10 VDN en face Mermoz, après le pont de Fann
BP 45034 Dakar Fann
33 825 98 58 / 33 860 9858
senharmattan@gmail.com / senlibraire@gmail.com
www.harmattansenegal.com

www.ingramcontent.com/pod-product-compliance
Lightning Source LLC
LaVergne TN
LVHW011257061026
849535LV00005B/1287